김윤희 지음 · 최윤선 감수

동양북스

 **저자** 김윤희

전) 수암초, 효문중 방과후 학교 특기적성 중국어교사
　　좋은나라유치원, 아라유치원, 예일어린이집 등 어린이 중국어 전임강사
　　Brown Education Forum 어린이 중국어 교육팀장
현) 신양초 방과후 학교 특기적성/돌봄 중국어교실 전담 중국어교사
　　키즈클럽 WILLY CAMPUS 영어유치원 어린이 중국어 전임강사
　　유아교육 대표카페 〈유아중국어 동영상〉 운영강사
　　중국 전문 채널 〈하오 TV〉 중국어강사

저서
〈어린이 중국어 Kids Beijing 1~10권〉
〈맛있는 어린이 중국어 1~3권〉
〈이얼싼 Yes 중국어 GRADE 5〉
〈OPIC 중국어의 정석 IM 공략〉
〈중국어 무작정 따라하기〉

 **감수** 최윤선

숙명여자대학교 중문학과 졸업
북경사범대학 중문과 석사 졸업(문학석사)
북경사범대학 중문과 박사 졸업(문학박사)
안양과학대학 관광중국어과 교수
소프트진흥원 유아중국어 콘텐츠개발 자문위원

어린이 중국어 관련 주요 논문 및 저서
〈어린이 중국어 교육방법의 이론배경〉 논문 발표
〈어린이 중국어의 특징과 듣기 교육방법 연구〉 논문 발표
〈어린이 중국어 발음 및 성조 교육법〉 논문 발표
〈다락원 어린이 중국어 1~6권〉 교재 발표

 **자문위원** 김은주

조선대학교 중국어과 졸업
대만국립고웅사범대학교 졸업(문학석사)
중국 광주 중산대학교 졸업(언어문자학박사)
제주한라대학교 관광중국어과 교수
제주도내 초중등학교 특성화 및 방과 후 중국어교육 컨설팅위원

주요 논문 및 저서
〈몸동작을 활용한 아동 중국어 성조교육〉
〈방과 후 아동 중국어 지도를 위한 성인학습 교수방법〉
〈儿童汉语教学法〉
〈다락원 관광중국어〉

 **심의위원**

김미숙 교수　　　롱차이나 대표
김민영 선생　　　부산외대 평생교육원
　　　　　　　　　어린이 지도사 양성강사
김민희 선생　　　계성초등학교
김주리 선생　　　상명초등학교

노　경 선생　　　경기초등학교
손보라 선생　　　방과후 전문강사
이금영 선생　　　경기초등학교
황선주 선생　　　방과후 전문강사　　　（※가나다順）

초판 22쇄 2025년 2월 10일 | **지은이** 김윤희 | **감수** 최윤선 | **발행인** 김태웅 | **마케팅 총괄** 김철영 | **제작** 현대순
일러스트 강난주 | **플래시** 윤정규, 최재홍 | **성우** 이영아, 박경혜, 구정, 최청화 | **편곡** 전정훈 | **편집** 김상현, 김수연 | **디자인** 남은혜, 김지혜

발행처 ㈜동양북스 | **등록** 제 2014-000055호 | **주소** 서울특별시 마포구 동교로22길 14 (04030) | **구입문의** 전화 (02)337-1737 팩스 (02)334-6624
내용문의 전화 (02)337-1762 **이메일** dymg98@naver.com

ISBN 978-89-8300-897-8 14720
　　　978-89-8300-903-6(세트)

© 2012. 김윤희

어린이 중국어 학습에서 가장 중요한 것은 아이들의 중국어에 대한 동기유발과 흥미유지입니다. 아무리 좋은 교재와 교육을 제공한다 해도 흥미가 없으면 중국어 실력은 제자리 걸음이고 결국에는 중국어 배우기를 포기하게 되는 원인이 되기도 합니다. 그래서 어린이들에게 재미있는 중국어 학습 환경을 만들어주고 싶은 생각에 아이들의 눈높이에 맞춰 한 문장, 한 문장 고민하며 중국어를 눈으로 느끼고, 귀로 담아, 입으로 표현하는 오감만족 중국어 교재 「어린이 중국어 붐붐」을 완성하였습니다.

✿ 「어린이 중국어 붐붐」의 특징 ✿

1. 동화책을 보는듯한 재미있는 스토리

교과서적인 딱딱한 내용에서 벗어나, 동화책 한 권을 읽는 느낌으로 첫 장부터 끝까지 재미있게 배웁니다. 아이들에게 가르치려는 중국어 표현을 생생한 이야기로 설득력 있게 전달하는 스토리텔링 학습 기법을 담았습니다.

2. 무한 반복을 통한 중국어 자동 암기

앞에서 배운 내용을 신나는 챈트를 따라 부르면서 반복하고, 재미있는 놀이학습과 모둠 활동으로 신나게 반복합니다. 연습문제 코너에서는 듣기, 읽기, 쓰기, 판단하기 등의 다양한 문제를 풀면서 다시 한번 반복합니다. 일부러 외우지 않아도 공부한 중국어 표현이 저절로 머릿속에 쏙쏙~ 기억됩니다.

3. 학생, 선생님, 부모님이 함께하는 학사부 일체 중국어

오감만족의 놀이활동을 통해 교사와 학생 또는 부모와 자녀가 함께 참여해 주어진 미션을 수행하면서 중국어 학습을 합니다. 서로 역할을 바꿔 가면서 중국어로 질문과 대답을 함으로써 상호간의 교류 학습을 통해 창의적인 사고력을 키우며 중국어의 실력도 쏙쏙~ 업그레이드 할 수 있습니다.

이 책이 의욕적으로 중국어를 배우고자 하는 모든 어린이들에게 중국어가 쉽고, 재미있는 언어로 느끼고, 세계를 향해 날아가는 중국어의 큰 날개를 달아 줄 수 있기를 바랍니다.

마지막으로, 본 교재가 나오기까지 열정으로 도전할 수 있도록 아낌없는 격려를 해 주신 동양북스 김태웅 사장님, 정연희 원장님, 책의 구성과 내용 편집에 애써 주신 중국어 편집부와 아이들이 좋아하는 예쁜 디자인을 해 주신 동양북스 디자인팀, 어린이 중국어 교육과 집필에 항상 큰 용기와 격려를 주시는 황영남 교수님, 저의 든든한 중국 친구인 赵丽华 선생님과 현장에서 도움을 주신 여러 선생님 진심으로 감사합니다. 그리고 저의 영원한 보물1호인 가족들에게 감사와 사랑의 마음을 전합니다.

김윤희

텍스트북(본책)

본책에서는 붐붐 주인공 친구들과 함께 일상생활에서 쓰는 중국어 표현을 배워요. 다양한 코너 구성으로 자연스럽게 반복하면서 다시 한번 배우고, 동화책을 읽듯이 재미있는 이야기만 들어도 어느새 중국어 표현이 모두 내 것이 된답니다.

오디오 CD 2장

생동감 있는 전문 성우들의 정확한 음성으로 중국어를 들어보세요. 원어민 음성을 무한 반복해서 듣고 큰 소리로 따라 하다 보면 자연스럽게 정확한 중국어 발음을 할 수 있어요.

교육용 플래시 CD 1장 (무료제공)

교육용 플래시 영상으로 학생들은 책에서는 할 수 없었던 다양한 체험 활동을 통해 중국어를 쉽게 배우고, 선생님들은 교육용 영상을 활용해서 다양한 교수법으로 중국어를 가르치기가 쉬워집니다.

워크북

워크북에서는 본책에서 배운 내용들을 다양한 문제를 풀
면서 다시 한번 반복하고 내 실력이 얼마만큼인지 체크해
볼 수 있습니다. 펜을 들고 신나게 문제를 풀어보세요.

오디오 CD 1장

녹음을 잘 들으면서 문제를 풀어보세요.
틀린 문제들은 다시 한번 확인해서 내 것으로 만드세요.

와글와글 친구들과 대화해요~

매 과마다 어떠한 재미있는 스토리가 우리를 기다리고 있는지 주인공 친구들과 함께 중국어 이야기 속으로 여행을 떠나볼까요? 야호~!

오프닝~

그림을 보고 상황 스토리를 생각해보고 녹음을 들으며 오늘은 어떤 재미있는 표현을 배울지 미리 생각해봐요~

하하 호호~ 정확하게 발음해요~

중국어 성조를 정확하게 따라 하면서 발음 공부를 해요.
발음 스토리가 있어서 발음 공부가 더 재미있어요.

쿵쿵따~ 신나게 불러요~

챈트를 따라 부르면서 주어진 미션을 성공해보세요.
그럼 신나는 챈트 리듬에 맞춰 큰 소리로 따라 해 볼까요?

쑥쑥~ 실력을 키워요~

배운 단어는 복습해서 다시 한번 기억하고 새로운 단어를 더 배워보는 코너예요.
다음 물음표에 중국어를 대입한 후, 큰 소리로 말해 볼까요?

술술~ 문제를 풀어요~

앞에서 배운 내용을 문제로 풀면서 복습해봐요. 문제가 정말 정말 쉬워요~

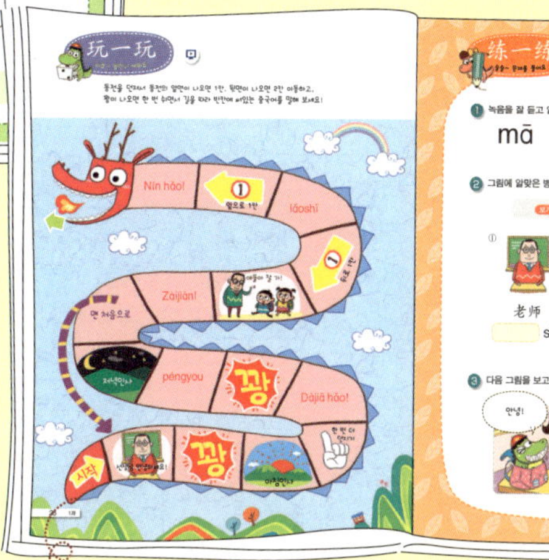

야호~ 놀면서 배워요~

다양한 게임과 놀이가 여러분을 기다리고 있어요.
친구들과 함께 놀이를 하면서 배워볼까요?

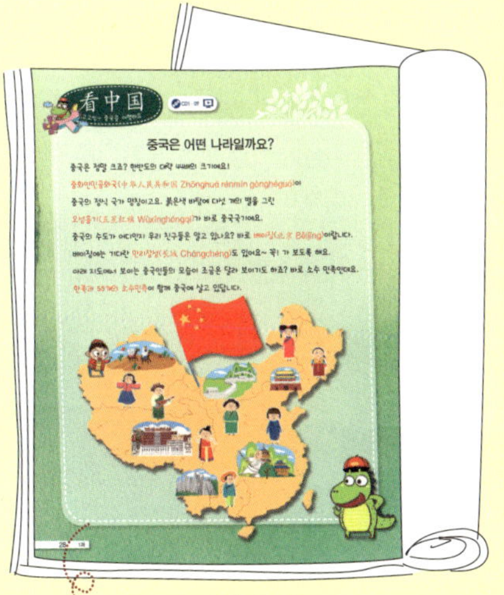

고고씽~ 중국을 여행해요~

이웃나라 중국의 문화와 풍습을
그림과 사진으로 재미있게 배워요.

복습과~

배운 내용을 복습하면서
다시 한번 머릿속에 쏙쏙~ 넣어봐요.

플래시 사용법
버튼 조작 기능 설명

❶ 1과 老師好! Lǎoshī hǎo! 선생님 안녕하세요!

현재 재생이 되는 과를 알려줍니다.

❷ 전체화면보기 클릭하면 화면이 크기가 커집니다.

❸ 창닫기 클릭하면 창이 닫힙니다.

❹ 원하는 학습 코너를 바로 선택합니다.

❺ 이전 코너로 이동합니다.

❻ 다음 코너로 이동합니다.

❼ 처음 선택 화면으로 이동합니다.

❽ 영상을 재생합니다.

❾ 화면이 일시 정지합니다.

❿ 재생중인 동영상이 멈추고 첫 프레임으로 이동합니다.

⓫ 원하는 부분으로 건너뛰기 합니다.

⓬ 소리 크기를 크게 또는 작게 조절합니다.

붐붐 플래시 구성 소개

메인 화면 선택

단어장, 캐릭터 소개 그리고 1과에서 8과의 학습 내용이 영상으로 담겨 있습니다. 공부하고 싶은 과를 마우스로 클릭해서 선택합니다.

단어장

단어를 클릭하면서 1과에서 8과까지 본문에 나오는 그림 단어를 반복해서 공부해요.

캐릭터 소개

중국어를 함께 공부할 붐붐 친구들을 소개합니다.

오프닝

본문을 배우기 전에 오프닝 영상을 보며
어떤 내용을 배울지 미리 알아봐요.

본문

한편의 동화책을 보는듯한
재미있는 중국어 스토리가
펼쳐집니다.

챈트

챈트 영상을 보고 따라 부르
며 본문에서 배운 내용을 복
습해 보세요.

발음

발음을 자세한 설명과 영상
으로 배우니 정말 쉬워요.

발음 이야기

재미있는 발음 이야기를
영상과 함께 신나게 배워요.

게임

마우스를 자유롭게 클릭하면
서 친구들과 신나게 게임을
해요.

실력업

마우스를 자유롭게 클릭하면
서 중국어 문장을 복습해요.

문화

중국어 문화를 재미있는
영상으로 배워요.

차 례

단원	주제	핵심표현	발음	문화
1과	선생님 안녕하세요! 老师好!	만났을 때의 인사표현 你好! / 您好! 老师好! / 大家好!	ma를 사용한 성조 연습	중국
2과	미안해! 对不起!	고마움과 인사 표현 谢谢。 / 不客气。 对不起。 / 没关系。 핵심 표현 请 + 进，坐，说! 现在 + 进，坐，说!	a, o, e, i, u, ü	중국의 포권 인사
3과	나는 재민이라고 해 我叫在珉	이름 묻고, 자기 이름 소개 표현 你叫什么名字? / 我叫在珉。 我叫成龙，你呢? / 我叫在珉。	b, p, m, f	중국의 성씨와 호칭
4과	너는 어느 나라 사람이니? 你是哪国人?	국적 표현 你是哪国人? / 我是韩国人。 你是韩国人吗? / 不是，我是日本人。	d, t, n, l	중국의 여행지
복습과		1과~4과 복습		
5과	그는 누구니? 他是谁?	가족의 호칭 표현 她是谁? / 她是我妈妈。 他是谁? / 他是我爸爸。	g, k, h	소황제
6과	너는 몇 살이니? 你几岁?	나이 묻고, 대답하는 표현 你几岁? / 我八岁。 你妹妹呢? / 我妹妹六岁。	j, q, x	중국인이 좋아하는 숫자
7과	너는 무슨 색을 좋아하니? 你喜欢什么颜色?	색에 관한 표현 你喜欢什么颜色? / 我喜欢蓝色。	z, c, s	중국의 대표 동물
8과	이것은 판다야 这是熊猫	동물에 관한 표현 这是什么动物? / 这是熊猫。 那是什么动物? / 那是兔子。	zh, ch, sh, r	경극 가면과 색깔
복습과		5과~8과 복습		

2권 학습목표

단원	주제	핵심표현	발음	문화
1과	나는 서점에 가 我去书店	장소 표현 你去哪儿? / 我去书店。 我也去书店。 / 我们一起去吧。	ai, ao, an, ang	베이징의 유명지
2과	컴퓨터는 저쪽에 있어 电脑在那儿	방의 물건 표현 电脑在哪儿? 电脑在那儿。	ou, ong	외래어
3과	너희 가족은 몇 식구니? 你家有几口人?	가족 식구 수 표현 你有哥哥吗? / 我没有哥哥。 你家有几口人? / 我家有三口人。	ei, en, eng	종이공예 지엔즈
4과	너는 무엇을 사니? 你买什么?	물건을 사고 파는 표현 你买什么? / 我买香蕉。 你卖葡萄吗? / 我不卖葡萄。	ia, iao, ie, iu(iou)	새콤달콤 과일꼬치 탕후루
복습과	1과~4과 복습			
5과	오늘은 비가 내려 今天下雨	날씨 표현 今天天气怎么样? / 今天天晴。 今天天气怎么样? / 今天下雨。	ian, in, iang, ing, iong	중국의 황사
6과	지금 몇 시야? 现在几点?	몇 시인지 묻고 답하는 표현 现在几点? / 现在六点。 现在几点? / 我七点半。	ua, uo, uai, ui(uei)	세계 여러나라의 시간
7과	기차가 자동차보다 빨라 火车比汽车快	교통수단과 비교 표현 快的是什么? / 火车比自行车快。 火车比飞机慢。	uan, un(uen), uang, ueng	중국의 자전거
8과	나는 빵을 먹고 싶어 我想吃面包	음식과 음료에 대한 표현 你想吃什么? / 我想吃面包。 你想喝什么? / 我想喝可乐。	üe, ün, üan, er	중국의 4대 요리
복습과	5과~8과 복습			

단원	주제	핵심표현	발음	문화
1과	여보세요! 너는 뭐 하고 있니? 喂! 你在做什么呢?	전화, 동작 표현 喂! 你在做什么呢? / 我在学习呢。 你在做什么呢? / 我在看电视呢。	3성과의 성조결합과 변화	전통놀이 콩주
2과	이것은 누구의 연필이니? 这是谁的铅笔?	허가와 문구 표현 / 소유격 我可以用你的吗? / 可以用我的。 这是谁的本子? / 这是你的本子。	경성과의 성조결합과 변화	선물 문화
3과	오늘은 5월 5일이야 今天五月五号	날짜, 요일 표현 今天几月几号? / 今天五月五号。 今天星期几? / 今天星期三。	1성과의 성조결합	중국의 명절
4과	나는 머리가 아파 我头疼	아픈 증상 표현 你哪儿不舒服? / 我头疼。 你肚子疼吗? / 我肚子疼。	2성과의 성조결합	중국의 차문화
복습과		1과~4과 복습		
5과	딸기가 한 근에 얼마예요? 草莓多少钱一斤?	가격 묻고, 답하는 표현 草莓多少钱一斤? / 八毛钱。 便宜 / 贵	4성과의 성조결합	중국돈 런민비
6과	나는 수영할 줄 알아 我会游泳	운동 표현 你会游泳。 / 我不会游泳。 你会打篮球吗? / 我会打篮球。	'不'의 성조 변화	소림사와 태극권
7과	공원에 어떻게 가요? 公园怎么走?	길과 방향에 관한 표현 公园怎么走? / 一直往前走，就是公园。 请问，公园在哪儿? / 公园在医院右边。	'一'의 성조변화	중국의 발명품 나침반
8과	나는 상점에 옷 가러 가 你去商店买衣服	의복에 관한 표현 你去哪儿? / 我去商店买衣服 我的裤子、大衣和帽子怎么样? / 都很好看。	'儿化'와 '격음부호'	중국의 치파오
복습과		5과~8과 복습		

붐붐 친구들을 소개합니다~

CD1 - 01

안녕! 나는 재민이야.
你好! 我叫在珉。
Nǐ hǎo! Wǒ jiào Zàimín.
나는 축구를 잘해서
별명이 축구왕 슛돌이야.

안녕! 나는 미나라고 해.
你好! 我叫美娜。
Nǐ hǎo! Wǒ jiào Měinà.
나는 붐붐 초등학교
1학년 1반 반장이야.

하이! 나는 데이비드라고 해.
你好! 我叫大卫。
Nǐ hǎo! Wǒ jiào Dàwèi.
외모짱선발대회에서 당당히 1등한
나는야 우리학교 인기남~*

헬로우! 나는 미미라고 해.
你好! 我叫米米。
Nǐ hǎo! Wǒ jiào Mǐmi.
만나서 반가워~* 부끄부끄~*

1. 중국어 한자는 이렇게 써요

東 → 东

 번체자는 우리나라 한자처럼 획이 많지만 중국에서 쓰는 간체자는 복잡한 글자를 간단하게 줄여서 쓴답니다. 우리는 간단한 간체자만 배울 거예요.
중국어 한자 쓰기 참~ 쉽죠?

2. 중국어 발음은 이렇게 써요

东 → dōng

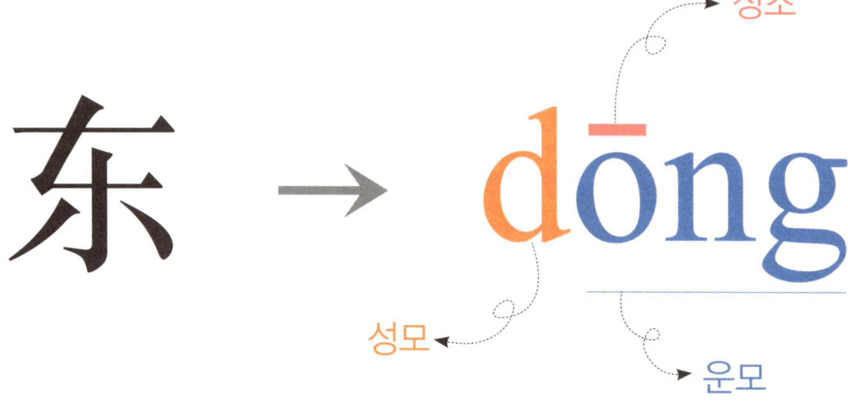

중국어를 말할 때는 노래처럼 음의 높낮이가 있는데 그것을 성조라고 해요. 중국어를 말할 때 성조가 정확지 않으면 중국사람들이 못 알아들을 수 있어요. 그만큼 성조는 중요하답니다! 성조는 큰 소리로 여러 번 읽으면서 높낮이를 잘 익히세요~

4. 경성

중국어 성조에는 4개의 성조 말고 경성이라는 성조가 있어요. 경성은 짧고 가볍게 내는 소리랍니다. 그리고 경성은 성조 표시를 하지 않아요!

붐붐 친구들과
신나게 중국어를 배워볼까요?
그럼 재미있는
중국어 이야기 속으로 출발~*♪

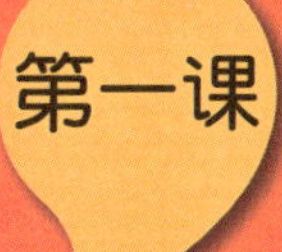

第一课

老师好!

Lǎoshī hǎo! 선생님 안녕하세요!

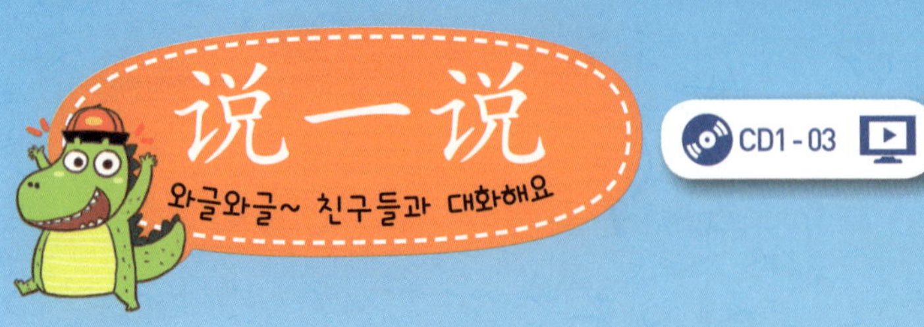

说一说
와글와글~ 친구들과 대화해요
CD1 - 03

Nǐ hǎo!
你好!

Nǐ hǎo!
你好!

你 nǐ 너, 당신 | 好 hǎo 좋다, 안녕하다
老师 lǎoshī 선생님 | 大家 dàjiā 여러분, 모두

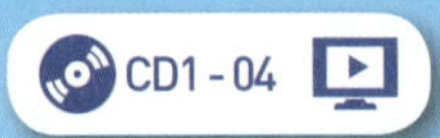
CD1-04

Dàjiā zàijiàn!
大家再见！

Zàijiàn!
再见！

再见 zàijiàn 잘 가, 또 봐

lǎoshī가 들리면 선생님 그림을, dàjiā가 들리면 친구들 그림을 짚어 보세요.

好好，你好!

Hǎo hǎo, nǐ hǎo!
好 好, 你好!

Lǎoshī lǎoshī, lǎoshī hǎo!
老师 老师, 老师好!

Dàjiā dàjiā, dàjiā hǎo!
大家 大家, 大家好!

Zài zài, zàijiàn!
再 再, 再见!

Lǎoshī lǎoshī, lǎoshī zàijiàn!
老师 老师, 老师再见!

Dàjiā dàjiā, dàjiā zàijiàn!
大家 大家, 大家再见!

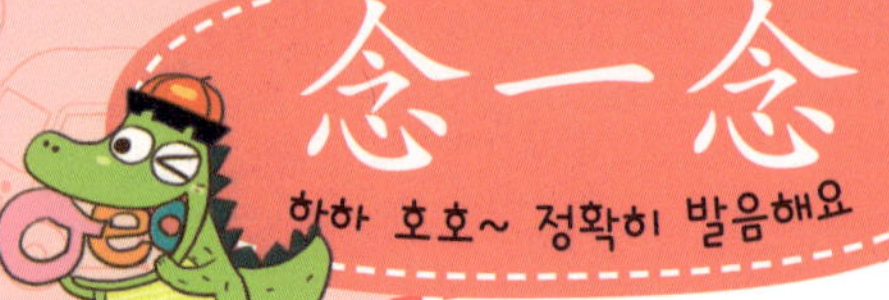 

1성 ā

하늘을 나는 쿵푸 판다가 되어
아~하고 입을 크게
벌리고 길게 내는 소리예요.

mā 妈 엄마

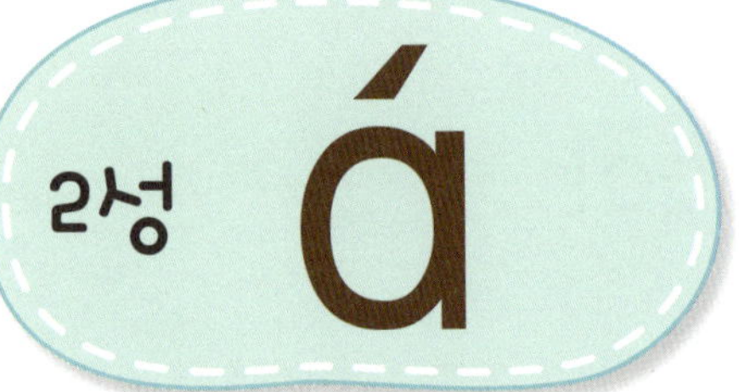

2성 á

쿵푸 판다가 이번에 더 높은 곳으로
올라갑니다. 이때는 빠르게 끝을
올려 소리를 내요.

má 麻 삼베

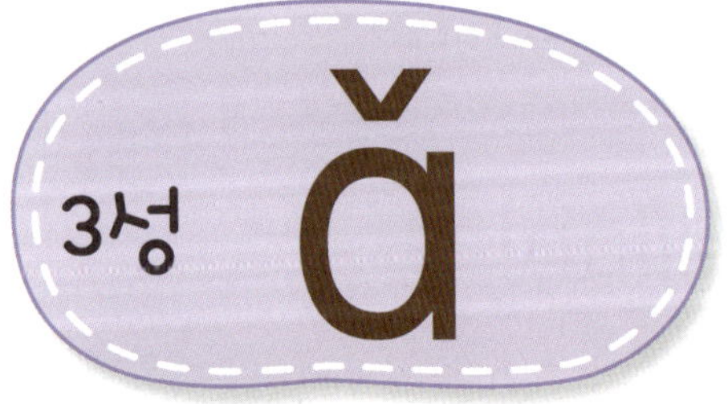

3성 ǎ

쿵푸 판다처럼 아래로 쿵~ 내려왔다가
천천히 올라가는 소리예요.

mǎ 马 말

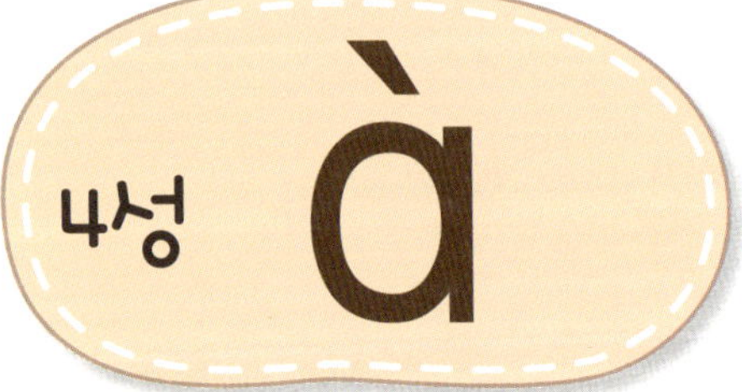

4성 à

쿵푸 판다처럼 위에서 아래로 빠르게
쓩~하고 내려가는 소리예요.

mà 骂 혼내다

엄마 mā는 어디에 계신 걸까요?

아~하! 엄마 mā는 삼베 má 밭에서 일하고 계시는군요.

그런데 저기 삼베 má 밭을 뛰어다니며

풀을 뜯고 있는 동물은 뭐죠? 아~ 말 mǎ이군요.

이런! 말 mǎ이 삼베 má 밭을 망가뜨리고 있어요.

이것을 보고 화가 난 엄마 mā는 말 mǎ을 야단쳤어요.

혼쭐이 mà 난 말 mǎ은 그제서야 삼베 má 밭을 나갔답니다.

다음 물음표에 중국어를 대입한 후, 큰 소리로 말해 볼까요?

您 nín 당신 | 晚上 wǎnshang 저녁 |
早上 zǎoshang 아침 | 朋友 péngyou 친구

dàjiā
大家

péngyou
朋友

lǎoshī
老师

bàba
爸爸

māma
妈妈

爸爸 bàba 아빠 | 妈妈 māma 엄마

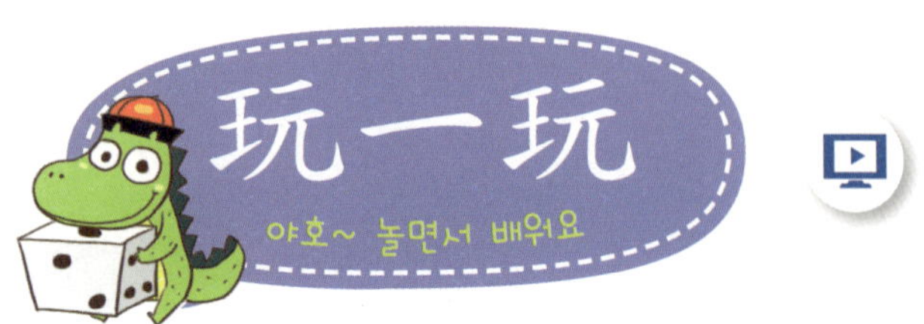

동전을 던져서 동전의 앞면이 나오면 1칸, 뒷면이 나오면 2칸 이동하고,
꽝이 나오면 한 번 쉬면서 길을 따라 빈칸에 써있는 중국어를 말해 보세요!

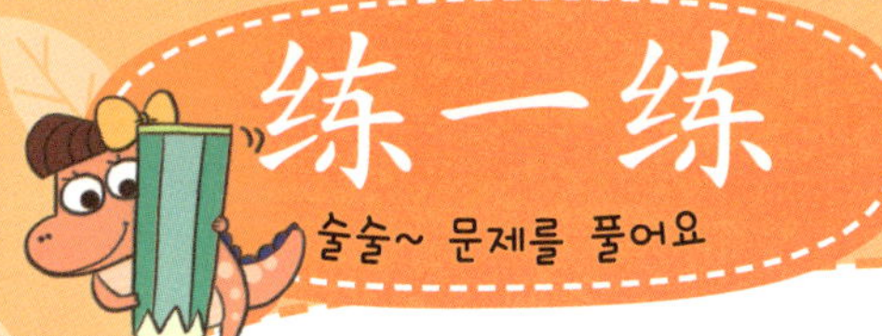

1 녹음을 잘 듣고 알맞은 성조에 ○표를 하세요.

mā   má   mǎ   mà

2 그림에 알맞은 병음을 보기 에서 찾아 써 보세요.

보기   lǎo   jiā   péng

① 老师

[   ] shī

② 朋友

[   ] you

③ 大家

dà [   ]

3 다음 그림을 보고, 대화에 알맞은 스티커를 찾아 붙여 보세요.

중국은 어떤 나라일까요?

중국은 정말 크죠? 한반도의 대략 44배의 크기예요!

중화인민공화국(中华人民共和国 Zhōnghuá rénmín gònghéguó)이

중국의 정식 국가 명칭이고요. 붉은색 바탕에 다섯 개의 별을 그린

오성홍기(五星红旗 Wǔxīnghóngqí)가 바로 중국국기예요.

중국의 수도가 어디인지 우리 친구들은 알고 있나요? 바로 베이징(北京 Běijīng)이랍니다.

베이징에는 기다란 만리장성(长城 Chángchéng)도 있어요~ 꼭! 가 보도록 해요.

아래 지도에서 보이는 중국인들의 모습이 조금은 달라 보이기도 하죠? 바로 소수 민족인데요.

한족과 55개의 소수민족이 함께 중국에 살고 있답니다.

第二课

对 不 起！

Duìbuqǐ! 미안해!

说一说
와글와글~ 친구들과 대화해요
CD1 - 11
Duìbuqǐ!
对不起!
对不起 duìbuqǐ 미안해 | 谢谢 xièxie 고마워 |
不客气 búkèqi 천만에

Xièxie!
谢谢!
Búkèqi!
不客气!

Qǐng jìn! Qǐng zuò!
请进！请坐！
Xièxie!
谢谢！
Duìbuqǐ.
对不起。
Méiguānxi.
没关系。
请进 qǐng jìn 들어오세요 | 请坐 qǐng zuò 앉으세요
没关系 méiguānxi 괜찮아

duìbuqǐ : 박수 한 번

méiguānxi : 박수 두 번

xièxie : 중국 전통 포권 손동작 

búkèqi : 반짝 반짝 손동작

谢谢！

Jìn jìn, qǐng jìn!
进 进，请 进！

Duì duì, duìbuqǐ!
对 对，对不起！

Méi méi, méiguānxi!
没 没，没关系！

Zuò zuò, qǐng zuò!
坐 坐，请坐！

Xiè xiè, xièxie!
谢 谢，谢谢！

Bù bù, búkèqi!
不 不，不客气！

a

치과에서 입을 크게 벌릴 때처럼
아~하고 소리를 내요.

āyí 阿姨 아줌마, 이모

o

'오이'할 때 오~처럼 입을 동그랗게 해서
(오)어하고 소리를 내요.

ó 哦 오!(감탄사)

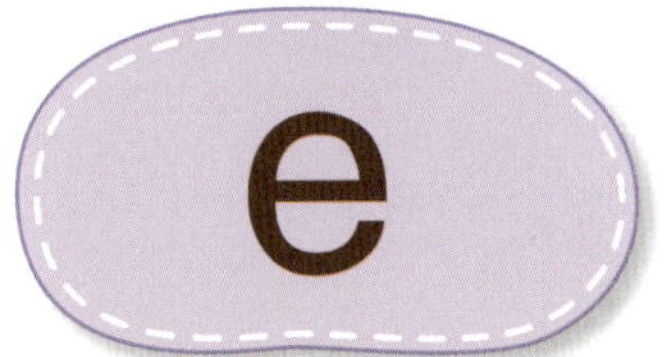

e

'어린이'할 때 어~처럼 입을 조금만 벌리고,
(으)어하고 발음해요.

é 鹅 거위

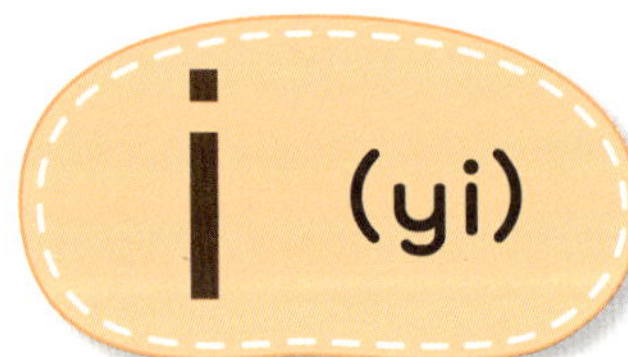

i (yi)

양치할 때처럼 이~하고 입을
양쪽 옆으로 길게 하고 소리를 내요.

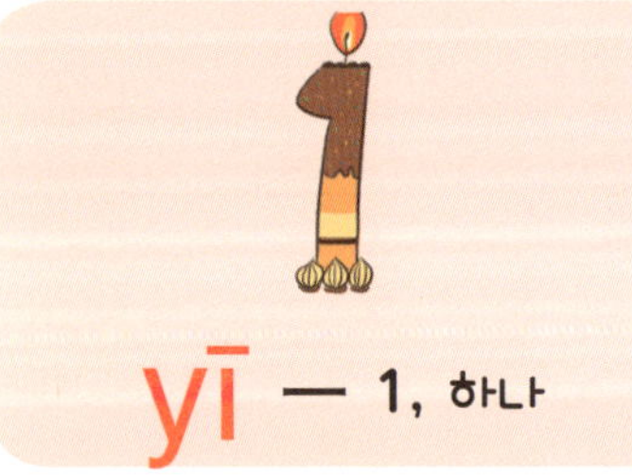
yī 一 1, 하나

u (wu)

'우산'할 때 우~처럼
입을 둥글게 해서 우~하고 발음해요.

wǔ 五 5, 다섯

ü (yu)

'우'~라고 발음할 때처럼 입술을
오므린 채로 위~라고 발음해요.

yú 鱼 생선, 물고기

생선가게 아주머니 āyí는 매일 아침 물고기 yú를 세어가며

장사준비를 해요. 오~ ó! 그런데 어제 다섯 wǔ 마리였던

물고기 yú가 한 yī 마리밖에 없다는 것을 발견했어요.

그때 수상한 거위 é를 발견하고 따라가 보니,

배고파 è하는 고양이에게 물고기 yú를 가져다 주고 있었어요.

마음씨 착한 생선가게 아주머니 āyí가 고양이와 거위 é에게

맛있는 생선요리를 해주자, 거위 é와 고양이는 신이 나서

덩실덩실 춤 wǔ을 추었답니다.

다음 물음표에 중국어를 대입한 후, 큰 소리로 말해 볼까요?

jìn
进

zuò
坐

shuō
说

tīng
听

kàn
看

请 qǐng ~해주세요(공손한 표현) | 说 shuō 말하다 |
听 tīng 듣다 | 看 kàn 보다

xiě
写

jìn
进

kàn
看

shuō
说

tīng
听

现在 xiànzài 지금, 현재 ｜ 写 xiě 쓰다

눈을 감고, 원판 위에서 손가락으로 원을 그리다가 멈춰 보세요. 그리고 눈을 떠, 손가락이
위치한 말판의 한국어를 중국어로 말하면 점수를 얻게 되는데, 이때 가장 먼저 100점을 얻는
친구가 이기는 게임입니다.

练一练
술술~ 문제를 풀어요

1 녹음을 잘 듣고 빈칸에 알맞은 성조를 표시해 보세요.

a　o　e　i　u　ü

2 그림에 알맞은 병음을 [보기] 에서 찾아 써 보세요.

[보기]　jìn　zuò　kàn

① ② ③

xiànzài 　　　qǐng 　　　qǐng

现在　看　　　请　进　　　请　坐

3 다음 그림을 보고, 대화에 알맞은 스티커를 찾아 붙여 보세요.

중국 포권 인사는 어떻게 할까요?

중국 무협 영화를 보면 중국사람들이 인사할 때 주먹 쥔 오른손을 왼손으로 감싸며

"감사합니다(谢谢 xièxie)"하고 인사를 하는 장면을 많이 보았죠?

이 중국 전통 인사법을 포권(抱拳 bàoquán)이라고 해요.

포권 인사법은 상대방을 공격할 의사가 없음을 알리는 뜻이랍니다.

포권 인사법은 북부지역보다는 중부와 남부지역에서 포권 인사를 하는 중국사람들을

자주 볼 수 있다고 해요.

그럼 친구들과 서로 중국 전통 포권 인사를 해 볼까요?

我叫在珉

Wǒ jiào Zàimín 나는 재민이라고 해

说一说
와글와글~ 친구들과 대화해요
CD1 - 19
Nǐ jiào shénme míngzi?
你叫什么名字？
Wǒ jiào Zàimín.
我叫在珉。

Nǐ jiào shénme míngzi?
你叫什么名字？

Wǒ jiào Zàimín.
我叫在珉。

Wǒ jiào Kǒngkong.
我叫恐恐。

Nǐ ne?
你呢？

叫 jiào ~라고 불리다 | 什么 shénme 무엇 | 名字 míngzi 이름
在珉 Zàimín 재민(이름) | 呢 ne ~은, ~는? | 恐恐 Kǒngkong 콩콩(이름)

CD1 - 20
Wǒ jiào Zàimín.
我叫在珉。
Wǒ jiào Chéng Lóng, nǐ ne?
我叫成龙，你呢？
成龙 Chéng Lóng 청룽(이름)

你叫什么名字?

Míngzi míngzi, shénme míngzi?
名字 名字, 什么名字?

Jiào jiào, shénme míngzi?
叫 叫, 什么名字?

Zàimín Zàimín, wǒ jiào Zàimín.
在珉 在珉, 我叫在珉。

Míngzi míngzi, shénme míngzi?
名字 名字, 什么名字?

Jiào jiào, shénme míngzi?
叫 叫, 什么名字?

Bùbu Bùbu, wǒ jiào Bùbu.
步步 步步, 我叫步步。

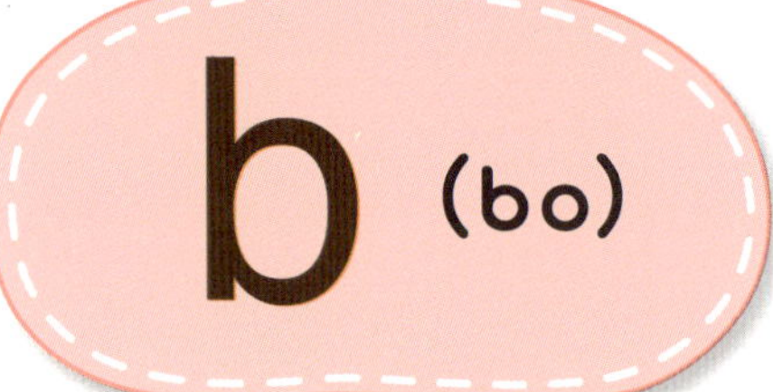

b (bo)

'뽀뽀뽀~'할 때 뽀~처럼 두 입술을 붙였다가 떼면서 뽀(어)라고 소리를 내요.

아빠가 출근할 때
뽀뽀뽀(어)~

bàba 爸爸 아빠

p (po)

'포도'할 때 포~처럼 두 입술을 붙였다가 떼면서 포(어)라고 발음해요.

나는 포(어)도가 좋아.

pò 破 깨지다

m (mo)

'모자'할 때 모~처럼 두 입술을 붙였다가 떼면서 모(어)라고 발음해요.

모(어)자 멋있죠?

mō 摸 쓰다듬다

숫자 4를 영어로 하면
f포(어)~

f (fo)

앞니로 아랫입술에 살짝 대었다 떼면서 영어의 'f'처럼 포(어)라고 발음해요.

fó 佛 불상

마음 착한 소녀는 아빠 bàba와 엄마 māma 없이 혼자 살아요.

소녀는 많이 외롭고, 저녁에는 무서워 pà 잠을 이루지 못했어요.

그래서 소녀는 절에 가서 불상 fó을 보면서 외롭지 않게 해달라고 빌었어요.

집에 돌아온 소녀는 깜짝 놀랐어요! 깨진 pò 항아리는 물이 새지 않게

개구리가 막아 주고 있었고, 구멍 난 이불은 생쥐가 실을 뽑아 bá 예쁘게

꿰매 주었어요. 밤이 되면 달님이 어린 소녀의 머리를 만져 주며 mō 친구가

되어 주었어요.

이제 어린 소녀는 친구들이 있어서 외롭지 않답니다!

다음 물음표에 중국어를 대입한 후, 큰 소리로 말해 볼까요?

在珉 Zàimín 재민(이름) | 步步 Bùbu 뿌뿌(이름) | 大卫 Dàwèi 데이비드(이름) |
米米 Mǐmi 미미(이름) | 美娜 Měinà 미나(이름)

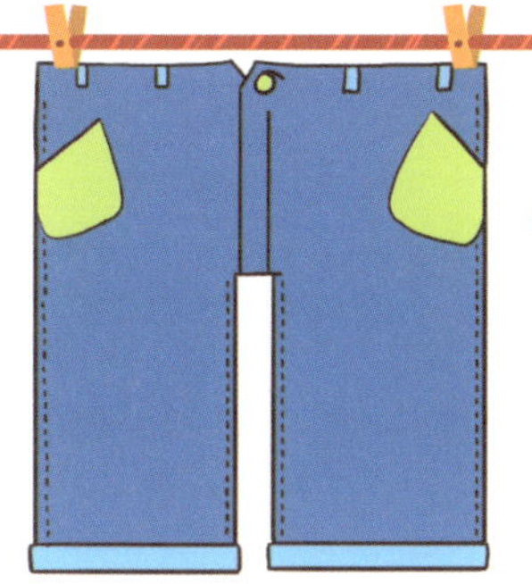

nǐ
你

tā
他

tā
她

nǐmen
你们

tāmen
他们

他 tā 그(남자를 말함) │ 她 tā 그녀(여자를 말함) │

~们 men ~들(복수를 만들어 주는 단어)

그림속 친구의 이름을 찾아 알맞은 한자 스티커를 붙이고, 바르게 선을 연결해 보세요!

1 녹음을 잘 듣고 빈칸에 알맞은 성조를 표시해 보세요.

mo　　fo　　bo　　po

2 빈칸에 알맞은 병음을 찾아 연결한 후, 직접 써 보세요.

3 다음 그림을 보고, 대화에 알맞은 스티커를 찾아 붙여 보세요.

성씨 앞에 老와 小를 붙여서 불러요.

중국에서는 보편적으로 老(lǎo)나 小(xiǎo)를 성씨 앞에 붙여 상대방을 부른답니다.

나보다 나이가 많은 오빠, 누나, 형, 언니에게는 老를 붙이고, 나보다 나이가 어린 친한

동생은 小를 붙여서 불러요. 그럼 왕딴딴의 언니는 老王(Lǎo Wáng)이 되고, 이미나의

동생은 小李(Xiǎo Lǐ)라고 부르면 돼요. 웃어른이나 친구가 여러분의 성씨 앞에 小를 붙여

부르는 것은 절대로 여러분이 체구가 작거나 나이가 어리다고 낮춰 부르는 게 아니에요.

중국에서는 친한 친구 사이, 아끼는 후배, 동생, 학우 등의 이름 앞에 小를 붙여서

서로의 사이가 가깝다는 표현을 하는 것이니 오해하지 마세요.

你是哪国人?

Nǐ shì nǎ guó rén? 너는 어느 나라 사람이니?

说一说
와글와글~ 친구들과 대화해요
CD1 - 27
Nǐ shì nǎ guó rén?
你是哪国人？
Wǒ shì Hánguórén.
我是韩国人。
光化門
是 shì ~이다 | 哪国人 nǎ guó rén 어느 나라 사람 |
韩国人 Hánguórén 한국사람

Nǐmen shì nǎ guó rén?
你们是哪国人？
Wǒ shì Zhōngguórén.
我是中国人。
Wǒ shì Měiguórén.
我是美国人。
中国人 Zhōngguórén 중국사람 ｜ 美国人 Měiguórén 미국사람

CD1 - 28
Nǐ yě shì Hánguórén ma?
你也是韩国人吗?
Bú shì, wǒ shì Rìběnrén.
不是，我是日本人。
也 yě 또한, 역시 ｜ 吗 ma ～이니?, ～입니까? ｜ 不 bù 아니다 ｜ 日本人 Rìběnrén 일본사람

Hánguórén : 한국국기를 찾아 붙여 주세요.　　Zhōngguórén : 중국국기를 찾아 붙여 주세요.

Měiguórén : 미국국기를 찾아 붙여 주세요.　　Rìběnrén : 일본국기를 찾아 붙여 주세요.

你是， 你是哪国人？

Nǐ shì, nǐ shì nǎ guó rén?
你是, 你是哪国人？

Wǒ shì, wǒ shì Zhōngguórén.
我是, 我是中国人。

Wǒ shì, wǒ shì Měiguórén.
我是, 我是美国人。

Nǐ yě shì Hánguórén ma?
你也是韩国人吗？

Bú shì, bú shì Hánguórén.
不是, 不是韩国人。

Wǒ shì, wǒ shì Rìběnrén.
我是, 我是日本人。

念一念

하하 호호~ 정확히 발음해요

CD1 - 30

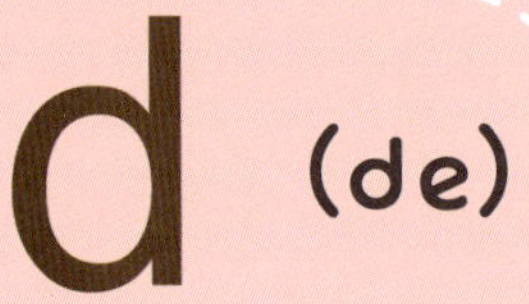

d (de)

혀 끝부분을 윗니 뒷부분에 붙였다가 떼면서 한글의 'ㄷ' 또는 'ㄸ'의 발음처럼 뜨(어)라고 발음해요.

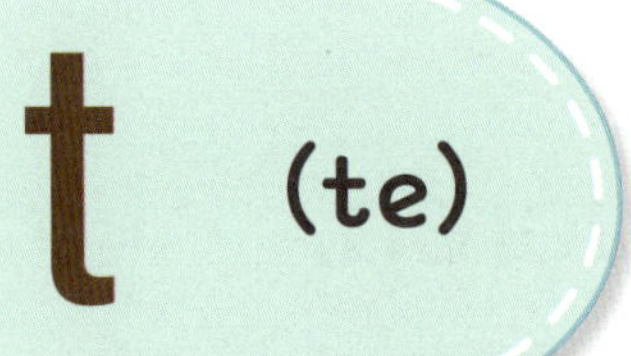

t (te)

혀 끝부분을 윗니 뒷부분에 붙였다가 떼면서 한글의 'ㅌ'처럼 강하게 트(어)라고 발음해요.

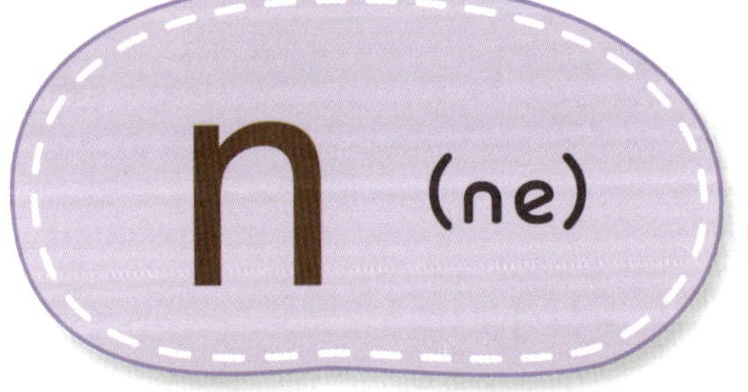

n (ne)

혀 끝부분을 윗니 뒷부분에 붙였다가 떼면서 코로 숨을 내보내며 한글의 'ㄴ'처럼 느(어)라고 발음해요.

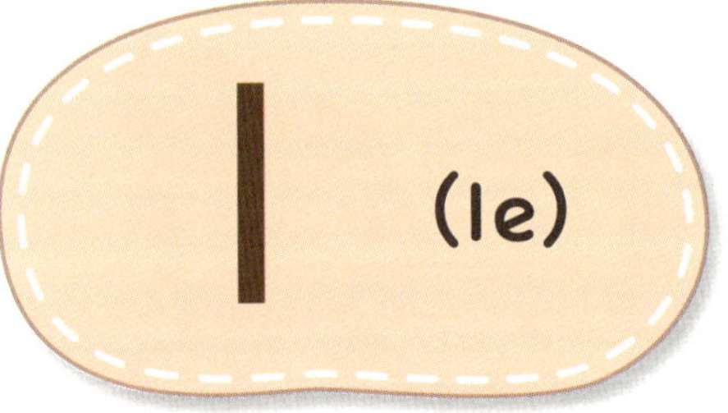

l (le)

혀 끝을 세워 윗니 뒷부분에 대었다 떼면서 한글의 'ㄹ'처럼 르(어)라고 발음해요.

한 꼬마가 숲 속에서 커다란 dà 축구공을 발견했어요.

무엇일까? 궁금해서 똑똑똑 dīdīdī 두드려 보았지만,

아무런 대답이 없어요. 발로 한 번 차보고 tī,

두 번, 세 번 차 tī 보아도 아무런 반응이 없네요.

꼬마는 누구인지 직접 물어 보기로 했어요.

"너는 nǐ 누구니? 너는 nǐ 누구니?"

그래도 반응이 없자 한 번 잡아 당겨보고 lā 두 번 잡아 당겨

보았더니 lā, 커다란 축구공이 아니라, 귀여운 판다 곰이었어요!

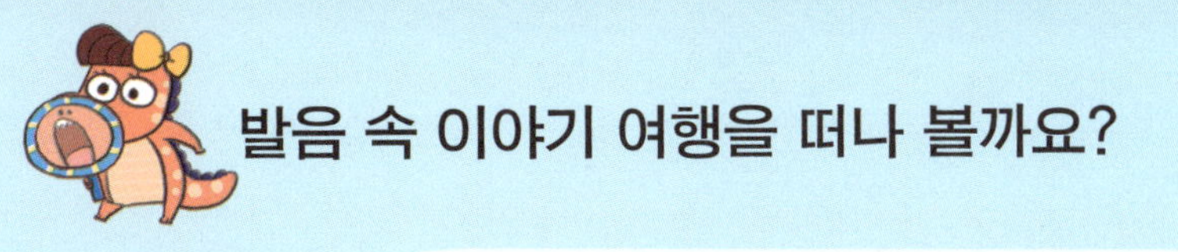

다음 물음표에 중국어를 대입한 후, 큰 소리로 말해 볼까요?

Hánguórén
韩国人

Rìběnrén
日本人

Zhōngguórén
中国人

Měiguórén
美国人

Yìndùrén
印度人

印度人 Yìndùrén 인도사람

德国人 Déguórén 독일사람 | 加拿大人 Jiānádàrén 캐나다사람

그림에 숨어있는 국기 6개(한국, 중국, 미국, 일본, 독일, 캐나다)를 찾아 O표를 하고,
어느 나라 국기인지 중국어로 말해보세요.

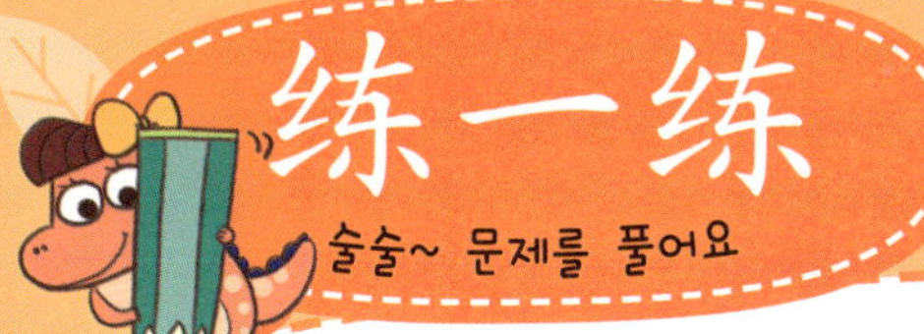

1 녹음을 잘 듣고 빈칸에 알맞은 발음을 보기 에서 찾아 써 보세요.

보기　à　ǐ　ā　ī

① d ☐　　② t ☐　　③ n ☐　　④ l ☐

2 병음에 알맞은 그림을 찾아 연결해 보세요.

| Měi | Zhōng | Hán |

3 다음 그림을 보고, 대화에 알맞은 스티커를 찾아 붙여 보세요.

중국의 명소를 여행해 볼까요?

한국에는 불국사, 미국에는 자유의 여신상이 세계문화유산이랍니다.
중국에는 어떤 문화유산이 있을까요?

고궁(故宫 Gùgōng)

중국에는 명나라와 청나라의 왕들이 살았던
고궁이라는 곳이 있답니다. 다른 말로
자금성이라고도 해요. 우리 친구들도
꼭! 가보도록 해요~

병마용(兵马俑 Bīngmǎyǒng)

우리 친구들! 먼 옛날 중국을 통일한 진시황제를
모두 알고 있죠? 진시황제가 묻혀있는 진시황릉
안에는 이 사진처럼 흙으로 만든 병사와
말들이 아직도 황제의 무덤을 지키고 있답니다.

만리장성(长城 Chángchéng)

만리장성 역시 세계문화유산이에요.
만리장성은 북방 이민족의 침입을 막기 위해
쌓은 성벽인데, 지금은 중국을 대표하는
여행지가 되었죠.

 CD1 - 34-37

1. 선생님께서 표 안의 단어를 골라 읽어주면, 학생들은 그 단어를 찾아 캐릭터 스티커를 붙여 가린 후, 표 안의 빈칸에 방금 스티커로 가린 한자와 병음을 써 보세요.

①	hǎo 好	lǎoshī 老师	jiào 叫
④	shénme 什么	xièxie 谢谢	míngzi 名字
duìbuqǐ 对不起	Zhōngguórén 中国人	②	shì 是
dàjiā 大家	③	zàijiàn 再见	méi guānxi 没关系

스티커를 붙여 다음 문장을 완성해 보세요.  CD1-34

할아버지, 친구들, 판다, 콩콩이를 순서대로 만나면서 중국어 문장을 완성해야 왕관 스티커를 획득할 수 있어요. 스티커를 모두 붙여 글자를 완성하면 성공!

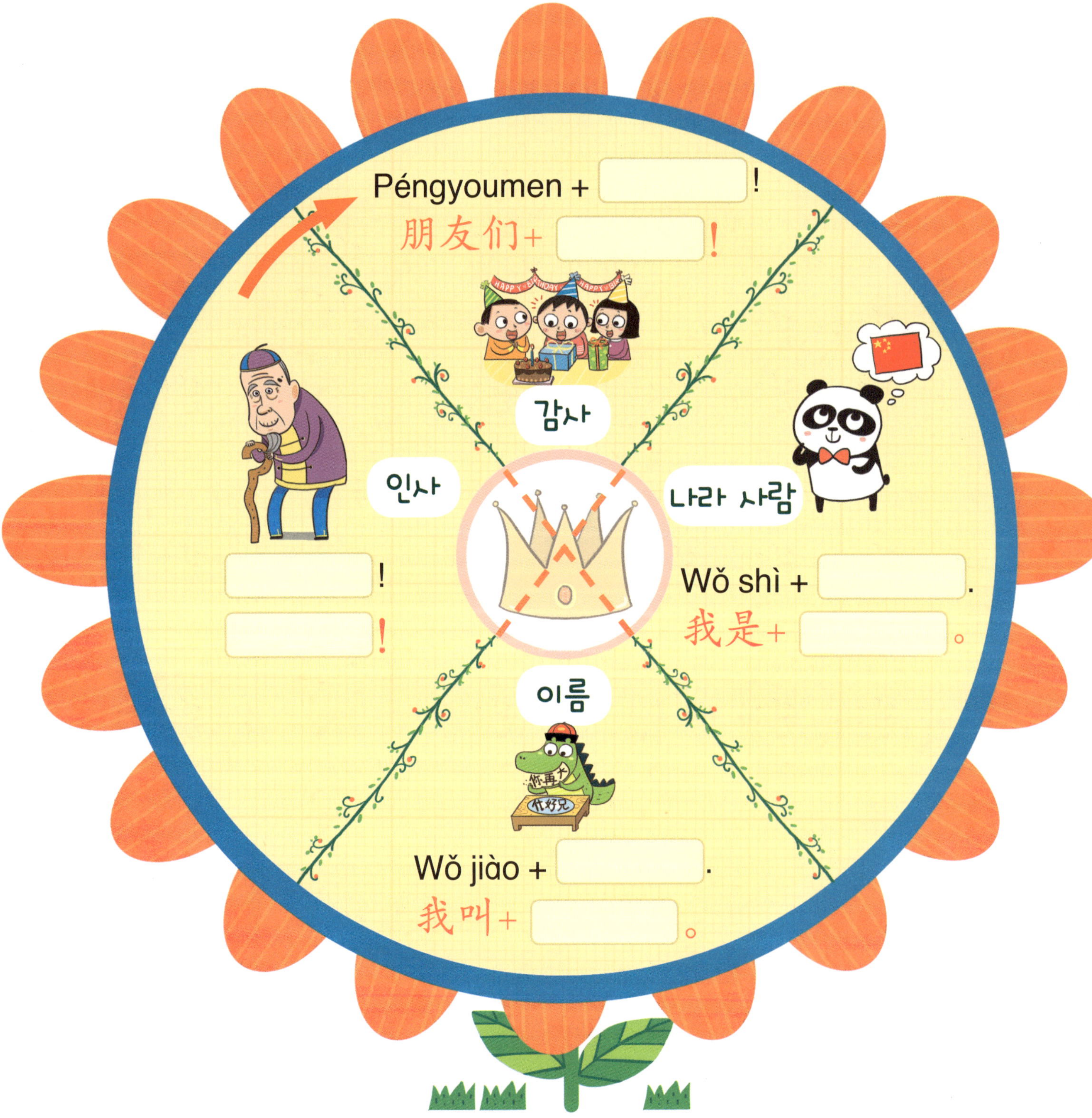

Péngyoumen + [ ] !

朋友们+ [ ] !

감사

인사

나라 사람

Wǒ shì + [ ] .

我是+ [ ] 。

[ ] !

[ ] !

이름

Wǒ jiào + [ ] .

我叫+ [ ] 。

  CD1-35

아빠 **bàba**와 남동생 **dìdi**이 TV를 보고 있는데 화면에 무시무시한 유령이 나타나자 아빠 **bàba**는 무서워하는 **pà** 남동생 **dìdi**을 토닥여 **mō** 주었어요.

불상 **fó** 인형 옆에 있던 강아지도 유령이 무서운지 바구니 안으로 **lǐ** 숨었어요.

다섯 **wǔ** 마리의 새끼 고양이는 실뭉치를 툭툭~ 차고 **tī** 있고, 원숭이 형은 말 **mǎ** 인형을 들고 거실을 이리저리 뛰어다녀요. 엄마 **māma**는 배고파 **è** 하는 가족을 위해 생선 **yú** 요리와 과일을 접시에 담아 가져오시네요 **ná**.

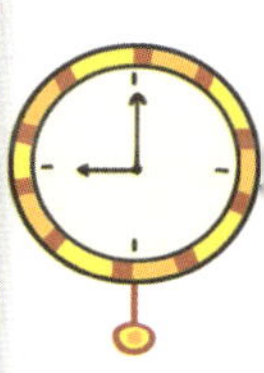

4 그림을 보며 이야기의 내용을 자유롭게 생각해 보고, 친구들과 역할을 정해서 중국어로 대화해 보세요.

CD1 - 36

나는 ○○야.
안녕! 너는
이름이 뭐야?

어느 나라
사람입니까?
중국사람이에요.

 [괄호] 안에 자기의 이름을 넣어 불러 보세요.

找朋友

zhǎo péng you   zhǎo péng you
找   朋   友   找   朋   友

xíng ge   lǐ   wò   wo   shǒu
行   个   礼   握   握   手

Nǐ   hǎo wǒ   shì   [Lǐ   Měi   nà]
你   好   我   是   [李   美   娜]

zhǎo dao yí   ge   hǎo   péng   you
找   到   一   个   好   朋   友

第五课

他是谁？

Tā shì shéi? 그는 누구니?

说一说
와글와글~ 친구들과 대화해요
CD2-02
Tā shì wǒ bàba.
他是我爸爸。
Tā shì shéi?
他是谁?
谁 shéi 누구 | 爸爸 bàba 아빠
72 5과

Dàjiā hǎo!
大家好！
Tā shì wǒ māma.
她是我妈妈。
Tā shì shéi?
她是谁？
妈妈 māma 엄마

Tā shì shéi?
他是谁?
Tā shì wǒ dìdi.
他是我弟弟。
弟弟 dìdi 남동생

다음 bàba, māma, dìdi 단어들이 몇 번이 나오는지 잘 듣고 횟수를 적어 보세요.

我爱，我爱你!

Tā shì tā shì, tā shì shéi?
他是 他是, 他是谁?

Bàba bàba, wǒ bàba.
爸爸 爸爸, 我爸爸。

Tā shì tā shì, tā shì shéi?
她是 她是, 她是谁?

Māma māma, wǒ māma.
妈妈 妈妈, 我妈妈。

Wǒ ài wǒ ài, wǒ ài dìdi.
我爱 我爱, 我爱弟弟。

Wǒ ài wǒ ài, wǒ ài nǐ.
我爱 我爱, 我爱你。

※ 爱 ài 사랑하다

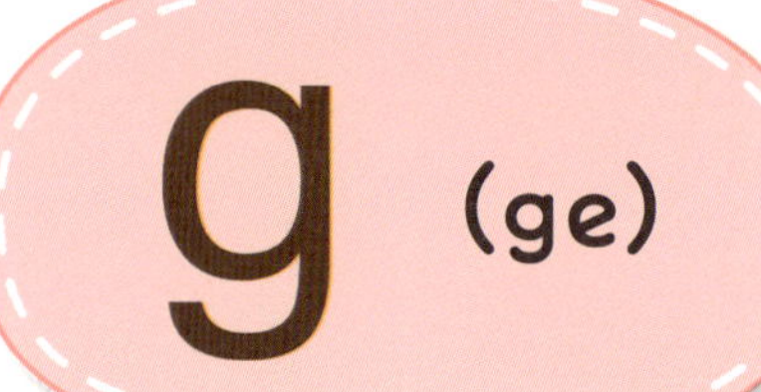

g (ge)

강하게 숨을 내보내면서 한글의 'ㄲ' 또는 'ㄱ'처럼 끄(어)라고 발음해요.

촛불이 끄(어) 지려고 해요.

gēge 哥哥 오빠, 형

k (ke)

강하게 숨을 내보내면서 한글의 'ㅋ'처럼 크(어)라고 발음해요.

크(어)다란 신발은 누구 것이지?

kū 哭 울다

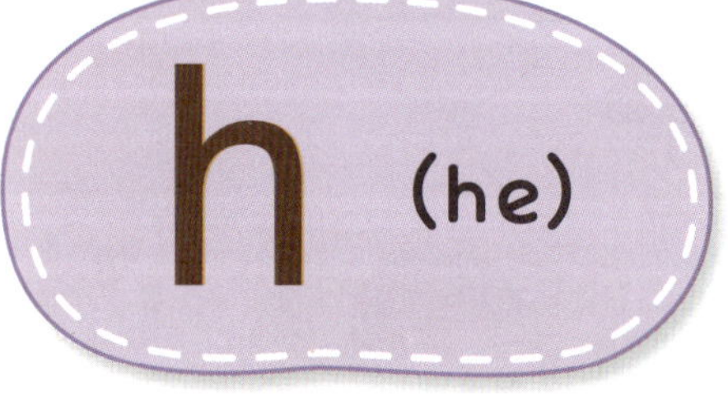

h (he)

강하게 숨을 내보내면서 한글의 'ㅎ'처럼 흐(어)로 발음해요.

흐(어)리가 시원하구나~

hē 喝 마시다

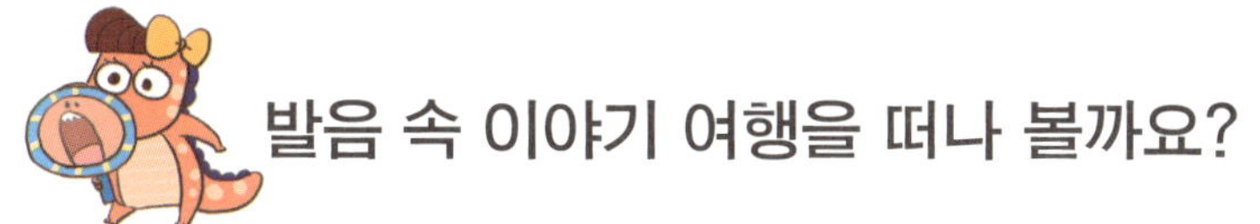

그레텔은 오빠 gēge 헨젤과 긴 시간 숲 속을 헤매서, 배가 몹시

고프고 목이 말랐는데 kě 마침 맛있어 보이는 과자 집을 발견했어요.

남매는 분수에서 콸콸 나오는 콜라 kělè를 마시고 hē,

물고기 모양의 초콜릿을 먹으려고 했는데, 분수에서 갑자기

무서운 물고기가 나타나 남매를 잡아먹으려 했어요. 남매는 깜짝 놀라

울면서 kū 도망을 쳤어요.

무사히 집에 돌아와서 거울을 보니 하얀 이가 모두 썩어 버렸어요.

이제부터는 콜라 kělè와 초콜릿을 많이 먹지 않을 거예요.

다음 물음표에 중국어를 대입한 후, 큰 소리로 말해 볼까요?

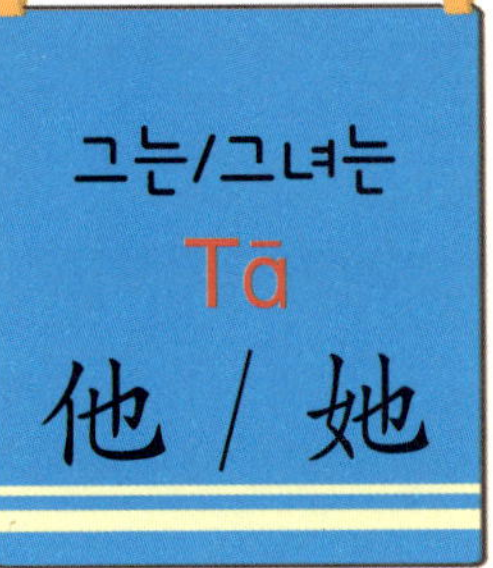

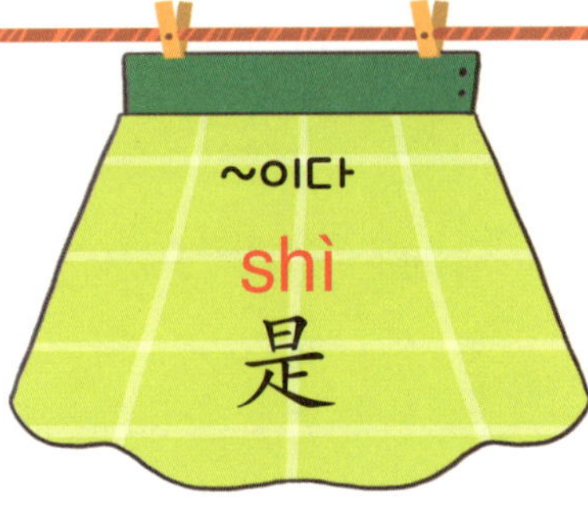

bàba
爸爸

yéye
爷爷

māma
妈妈

nǎinai
奶奶

dìdi
弟弟

爷爷 yéye 할아버지 | 奶奶 nǎinai 할머니

그들은/그녀들은
Tāmen
他们/
她们

~이다
shì
是

가족 명칭
?

~와
hé
和

가족명칭
?

mmāma
妈妈

gēge
哥哥

jiějie
姐姐

dìdi
弟弟

mèimei
妹妹

哥哥 gēge 오빠, 형 | 姐姐 jiějie 언니, 누나 | 妹妹 mèimei 여동생

사다리를 타고 오르면서 스티커를 찾아 붙이고, 누구인지 중국어로 말해 보세요.

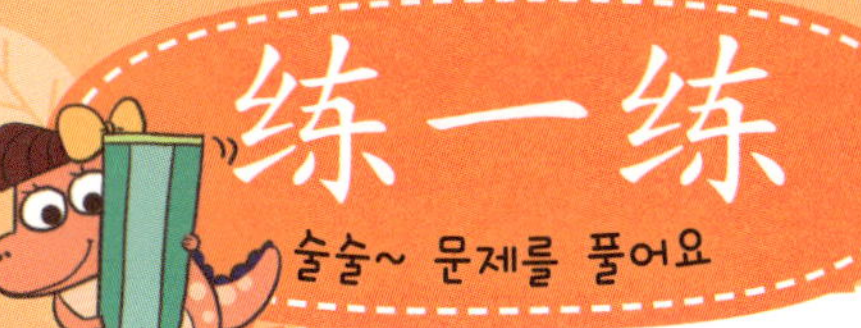

① 녹음을 잘 듣고 빈칸에 알맞은 병음을 [보기] 에서 찾아 써 보세요.

[보기] ē ú ū ě

① g [　　] ② k [　　] ③ k [　　] ④ h [　　]

② 빈칸에 그림과 알맞은 병음을 찾아 연결한 후, 직접 써 보세요.

妈妈　　　哥哥　　　弟弟

ē ì ā

m(　) d(　) g(　)

③ 다음 그림을 보고, 대화에 알맞은 스티커를 찾아 붙여 보세요.

나는 꼬마 황제

중국에서는 법으로 한 집에 한 명의 아이만 낳을 수 있어요. 부모님의 사랑을 독차지 하겠지만, 혼자는 너무 외로울 것 같아요~

콩콩아 외로워하지 마~ 친구인 내가 있잖아! 형제 없이 혼자 자랐기 때문에 온 집안의 귀여움과 보살핌을 독차지해서 마치 작은 황제 같다고 꼬마황제(小皇帝 xiǎohuángdì)라고도 한대요.

나는야 ~ 꼬마황제! 저녁 식사 담당은 아빠! 엄마는 청소와 빨래! 저도 아빠, 엄마를 자주 도와 드려요! 중국에서는 집안 일을 하는 것에 남녀의 구분이 없이 서로서로 도와 준답니다.

第六课

你几岁?

Nǐ jǐ suì? 너는 몇 살이니?

说一说
와글와글~ 친구들과 대화해요
CD2 - 10
Nǐ mèimei ne?
你妹妹呢?
Nǐ jǐ suì?
你几岁?
Wǒ bā suì.
我八岁。
Wǒ mèimei liù suì.
我妹妹六岁。
几 jǐ 몇, 얼마 | 岁 suì ~살, ~세 | 八 bā 8, 여덟 |
六 liù 6, 여섯 | 妹妹 mèimei 여동생

Nǐ jǐ suì?
你几岁?
Nǐ ne?
你呢?
Wǒ shí suì.
我十岁。
Wǒ yě shí suì.
我也十岁。
十 shí 10, 열 ｜ 也 yě ~도, 또한

CD2-11
Nǐ yě liù suì ma?
你也六岁吗?
Bú shì,
wǒ wǔ suì.
不是，我五岁。
五 wǔ 5, 다섯

唱一唱
쿵쿵따~ 신나게 불러요
CD2 - 12
liù, bā, shí가 들리면 그림 속에 숨어있는 숫자와 한자를 짚어 보세요.

你几岁?

Suì suì, nǐ jǐ suì?
岁 岁, 你几岁?

Bā bā, wǒ bā suì.
八 八, 我八岁。

Liù liù, wǒ liù suì.
六 六, 我六岁。

Suì suì, nǐ jǐ suì?
岁 岁, 你几岁?

Shí shí, wǒ shí suì.
十 十, 我十岁。

Wǒ wǒ, wǒ yě shí suì.
我 我, 我也十岁。

10
8
4
三
十
6
5
五
二
六
3
7
9

念一念

하하 호호~ 정확히 발음해요

CD2 - 13

---

j (ji)

혓바닥의 앞쪽을 입천장의 단단한 부분에 붙였다가 떼면서 내는 소리로, 한글의 '**ㅉ**' 또는 '**ㅈ**'처럼 **찌/지**라고 발음해요.

jī 鸡 닭

---

q (qi)

혓바닥의 앞쪽을 입천장의 단단한 부분에 붙였다가 떼면서 숨을 강하게 하며 내는 소리로, 한글의 '**ㅊ**'처럼 **치**라고 발음해요.

qí 骑 (올라)타다

---

x (xi)

혓바닥의 앞쪽을 입천장의 단단한 부분에 가까이에 대고 그 사이로 숨을 내보내며 내는 소리로, 한글의 '**ㅆ**' 또는 '**ㅅ**'처럼 **씨/시**라고 발음해요.

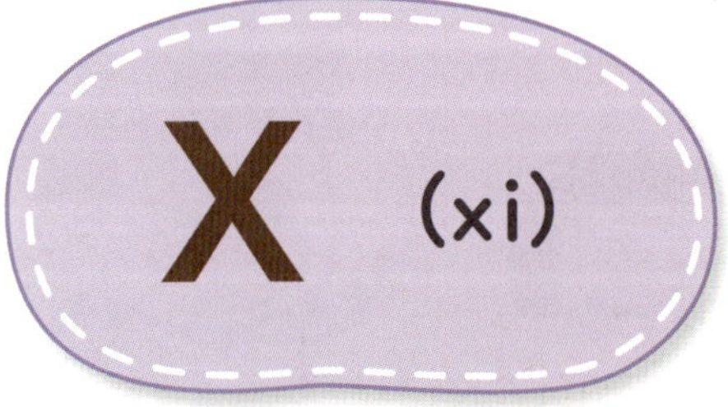

xī 西 서쪽

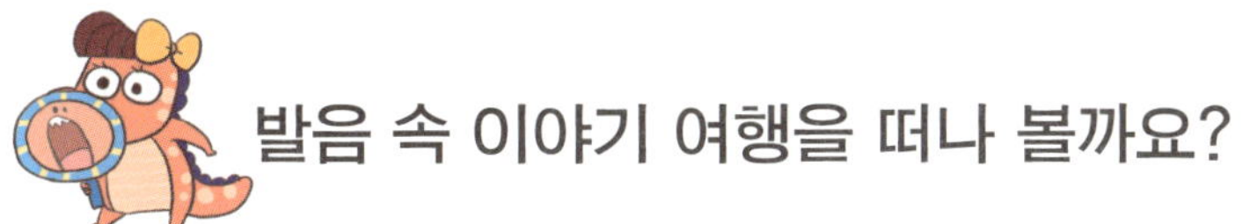

해적들이 후크 선장의 생일선물을 가지고 왔어요. 선물이 몇 jǐ 개 인지 셀 수 없이 많아요. 첫 번째 해적이 닭 jī을 선물했는데, 선장은 마음에 들지 않았어요. 두 번째 해적은 탈 qí 수 있는 말을 선물했는데 역시 마음에 들지 않자, 후크 선장은 매우 화가 났어요. 그때 서쪽 xī에서 피터팬이 나타나 일곱 qī 개의 생일선물을 가져 왔어요. 금은보화가 가득한 선물을 보자 후크 선장은 매우 기뻤어요. 그런데 마지막 선물을 여는 순간 똑딱~똑딱~ 시계 소리가 나더니 펑~ 하고 악어가 나타났답니다.

다음 물음표에 중국어를 대입한 후, 큰 소리로 말해 볼까요?

七 qī 7, 일곱 | 八 bā 8, 여덟 | 九 jiǔ 9, 아홉 | 十 shí 10, 열

十一 shíyī 11, 열하나 | 十二 shí'èr 12, 열둘 | 十三 shísān 13, 열셋

동물 친구들의 나이에 알맞게 스티커를 붙이고, 몇 살인지 중국어로 말해 보세요.

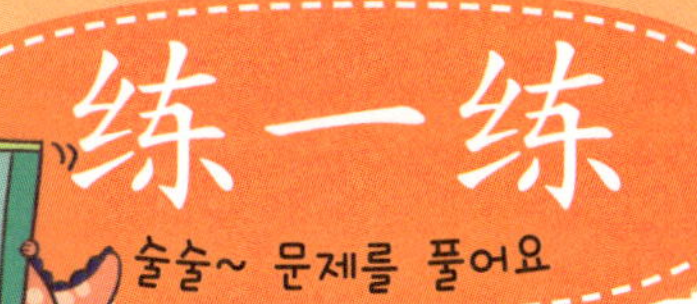 

1 녹음을 잘 듣고 빈칸에 알맞은 발음을 [보기] 에서 찾아 써 보세요.

① j ☐   ② x ☐   ③ q ☐   ④ j ☐

2 다음 그림에 알맞은 병음을 찾아 연결해 보세요.

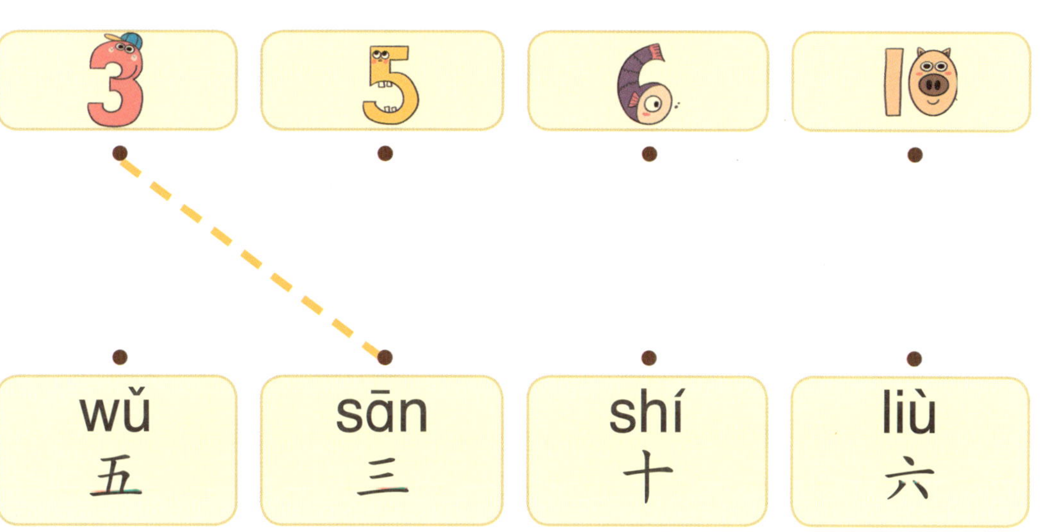

3 다음 그림을 보고, 대화에 알맞은 스티커를 찾아 붙여 보세요.

중국사람들은 어떤 숫자를 좋아할까요?

중국사람들은 숫자 8을 좋아해요.
숫자 八(bā)의 발음이 '돈을 벌다'라는 뜻의
发财(fācái)의 发(fā)와 비슷해서 행운의
숫자로 여기고 있어요. 그래서 2008년 8월 8일
오후 8시에 베이징 올림픽이 열렸답니다!

중국사람들은 숫자 9도 좋아해요.
숫자 九(jiǔ)의 발음이 '오래가다',
'장수하다'라는 뜻의 久(jiǔ)와
같기 때문이랍니다.
우리 친구들은 어떤 숫자를 좋아하나요?

중국사람들이 싫어하는 숫자도 있어요.
바로 숫자 4에요. 숫자 四(sì)는 죽음을 뜻하는
死(sǐ)와 발음이 비슷하기 때문이에요.
우리 친구들도 싫어하는 숫자가 있나요?

第七课

你喜欢什么颜色?

Nǐ xǐhuan shénme yánsè? 너는 무슨 색을 좋아하니?

说一说
와글와글~ 친구들과 대화해요
CD2-18
Nǐ xǐhuan shénme yánsè?
你喜欢什么颜色？
Wǒ xǐhuan huángsè.
我喜欢黄色。

Nǐmen xǐhuan shénme yánsè?
你们喜欢什么颜色？
Wǒ xǐhuan lánsè.
我喜欢蓝色。
Wǒ xǐhuan hóngsè.
我喜欢红色。
喜欢 xǐhuan 좋아하다 | 颜色 yánsè 색깔, 색 | 黄色 huángsè 노란색 |
红色 hóngsè 빨간색 | 蓝色 lánsè 파란색

CD2-19
Nǐ xǐhuan hēisè ma?
你喜欢黑色吗?
Wǒ bù xǐhuan hēisè,
我不喜欢黑色,
wǒ xǐhuan báisè.
我喜欢白色。
黑色 hēisè 검정색 | 白色 báisè 흰색, 하얀색

CD2 - 20

huángsè : 노란색 물건에 ○표를 하세요.　　lánsè : 파란색 물건에 △표를 하세요.
hóngsè : 빨간색 물건에 □표를 하세요.　　hēisè : 검정색 물건에 ☆표를 하세요.

什么颜色？

Nǐ xǐhuan shénme yánsè?
你喜欢什么颜色？

Wǒ xǐhuan huángsè, huángsè.
我喜欢黄色, 黄色。

Wǒ xǐhuan hóngsè, hóngsè.
我喜欢红色, 红色。

Wǒ xǐhuan lánsè, lánsè.
我喜欢蓝色, 蓝色。

Nǐ xǐhuan hēisè ma?
你喜欢黑色吗？

Wǒ bù xǐhuan hēisè, hēisè.
我不喜欢黑色, 黑色。

Wǒ xǐhuan báisè, báisè.
我喜欢白色, 白色。

Z (zi)

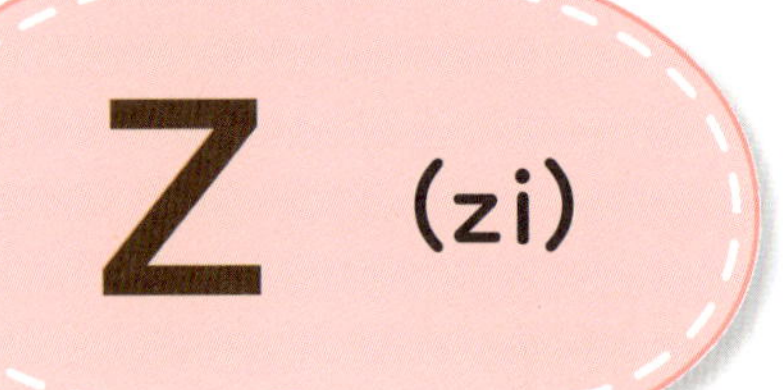

입을 옆으로 벌리고 혀끝을 윗니 뒤에
대고 내는 소리로 쯔/즈로 발음해요.

zǐsè 紫色 보라색

C (ci)

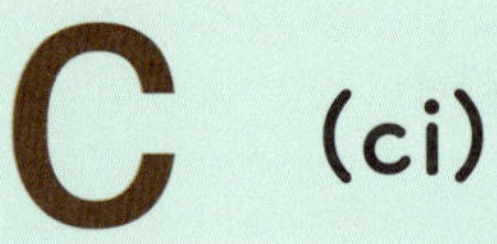

입을 옆으로 벌리고, 혀끝을 윗니
뒤에 대고 세게 소리를 내면서
츠로 발음해요.

cā 擦 닦다, 문지르다

S (si)

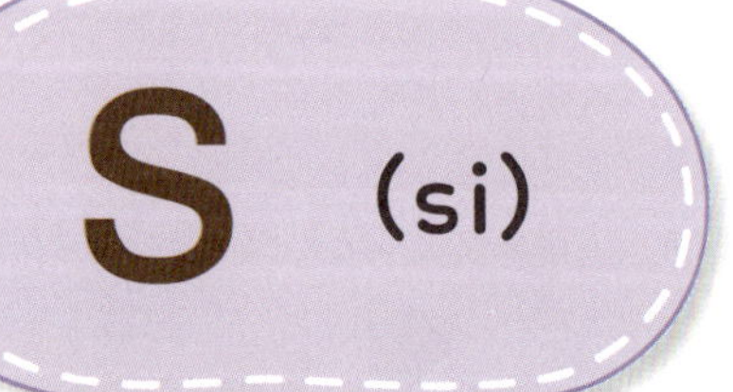

입을 옆으로 벌리고 혀끝을 펴서 윗니
뒤에 대고 우리말의 쓰/스로 발음해요.

sì 四 4, 넷

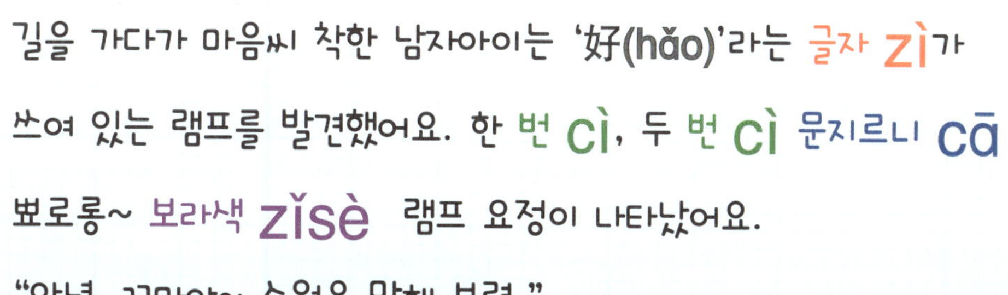

길을 가다가 마음씨 착한 남자아이는 '好(hǎo)'라는 글자 $zì$가

쓰여 있는 램프를 발견했어요. 한 번 $cì$, 두 번 $cì$ 문지르니 $cā$

뾰로롱~ 보라색 $zǐsè$ 램프 요정이 나타났어요.

"안녕, 꼬마야~ 소원을 말해 보렴."

"저는 고양이를 가지고 싶어요."

램프 요정은 마법의 가루를 하나, 둘, 셋~ 네 $sì$ 번 $cì$ 을 뿌리고 $sǎ$,

'아브라카다브라'라고 주문을 외웠어요. 그러자, 아주 귀여운 고양이가

"야옹~"하고 나타났답니다.

다음 물음표에 중국어를 대입한 후, 큰 소리로 말해 볼까요?

hóngsè
红色

lánsè
蓝色

huángsè
黄色

lǜsè
绿色

báisè
白色

绿色 lǜsè 녹색

粉红色 fěnhóngsè 분홍색

먼저 자기가 좋아하는 색깔의 색종이 4장을 준비해 주세요. 아래 종이 접기 순서대로
알록달록 풍선을 접어 풀로 붙여 완성한 후, 중국어로 풍선 색깔을 말해 보세요.

방법

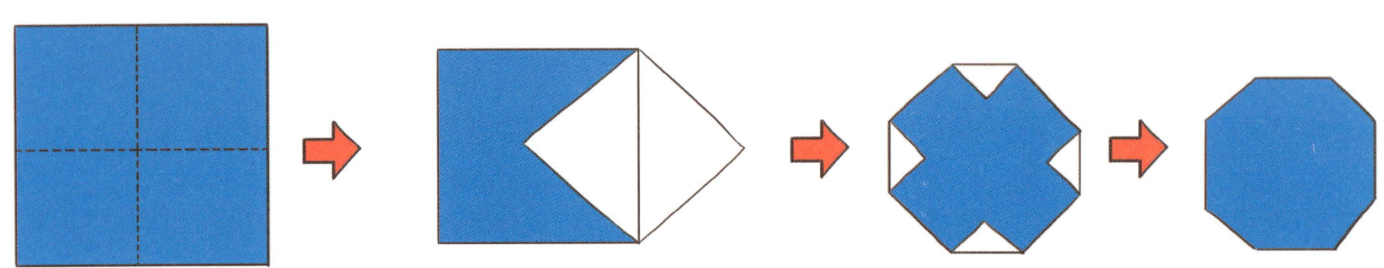

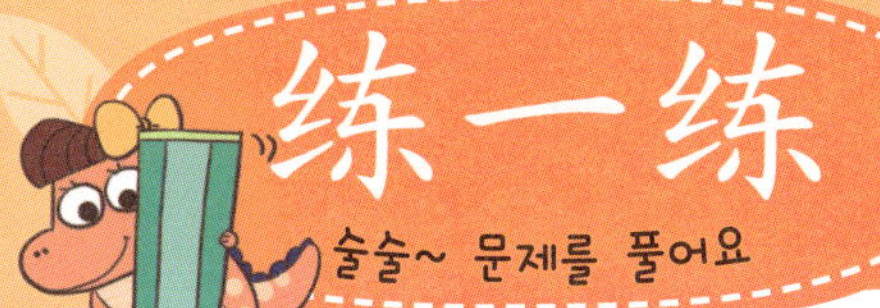

1 녹음을 잘 듣고 빈칸에 알맞은 발음을 보기 에서 찾아 써 보세요.

보기 ǐ ā è ì

① Z ☐   ② S ☐   ③ C ☐   ④ S ☐

2 그림에 알맞은 병음을 찾아 연결한 후, 직접 써 보세요.

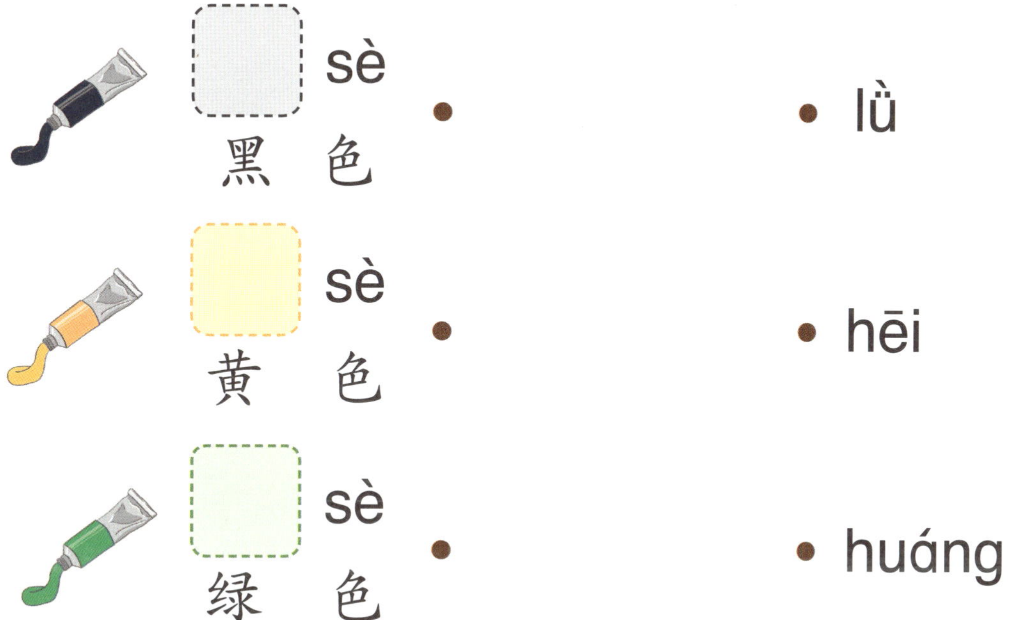

3 다음 그림을 보고, 대화에 알맞은 스티커를 찾아 붙여 보세요.

경극과 색깔에 대해 알아 볼까요?

중국의 경극에 대해 알고 있나요?
경극은 중국 전통 예술로 음악, 말하기,
춤, 서커스 그리고 무술까지 함께 공연하는
종합 예술이에요!

경극 배우들은 얼굴에 화려하고 독특한 분장을
하는데, 이것을 脸谱(liǎnpǔ)라고 해요. 분장한
얼굴 색깔마다 각각 다른 뜻을 가지고 있답니다.
중국인들이 가장 좋아하는 붉은색은
정의로움을 표현해요.

검은색

푸른색

녹색

노란색

흰색

금색

은색

검은색은 지혜로움, 푸른색은 오만함, 녹색 얼굴은
난폭함, 노란색과 흰색 얼굴은 흉악함, 금색과 은색
얼굴은 신비한 존재를 상징한다고 하네요.

这是熊猫

Zhè shì xióngmāo 이것은 판다야

这 zhè 이, 이것 | 什么 shénme 무엇 |
动物 dòngwù 동물 | 熊猫 xióngmāo 판다

Nà shì shénme dòngwù?
那是什么动物?
Nà shì tùzi.
那是兔子。
那 nà 저, 저것 | 兔子 tùzi 토끼
이것은 판다야 109

老虎 lǎohǔ 호랑이 ｜ 小偷 xiǎotōu 도둑

zhè : 가까이 있는 사물을 가리키세요.

nà : 멀리 있는 사물을 가리키세요.

tùzi : 토끼 흉내를 내 보세요.

lǎohǔ : 호랑이 흉내를 내 보세요.

蹦蹦跳跳！兔子, 老虎！

Zhè zhè, zhè shì shénme dòngwù?
这 这, 这是什么动物？

Zhè zhè, zhè shì tùzi, tùzi.
这 这, 这是兔子, 兔子。

Nà nà, nà shì shénme dòngwù?
那 那, 那是什么动物？

Nà nà, nà shì lǎohǔ, lǎohǔ.
那 那, 那是老虎, 老虎。

Tùzi tùzi, lǎohǔ lǎohǔ.
兔子 兔子, 老虎 老虎。

Bèngbèng tiàotiào, bèngbèng tiàotiào.
蹦 蹦 跳 跳, 蹦 蹦 跳 跳。

※ 蹦蹦跳跳 bèngbèng tiàotiào 깡충깡충

zh (zhi)

개구리처럼 혀끝을 말아 올려
숨을 뱉으면서 즈~로 발음해요.

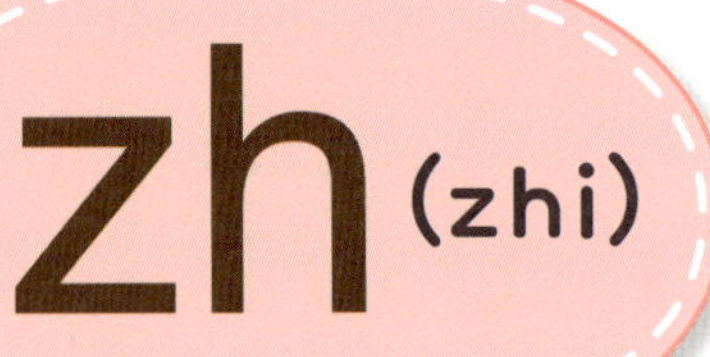

zhīzhū 蜘蛛 거미

ch (chi)

개구리처럼 혀끝을 말아 올려
숨을 좀 더 세게 뱉으면서
츠~로 발음해요.

chī 吃 먹다

sh (shi)

개구리처럼 혀끝을 가볍게 말아 올려
입천장에 닿을 듯 말 듯한 상태에서
스~로 발음해요.

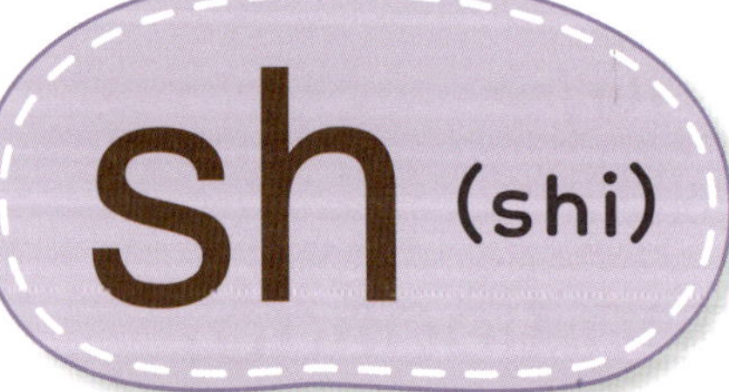
shū 书 책

r (ri)

개구리처럼 혀끝을 말아 올려
르~로 소리를 내요.

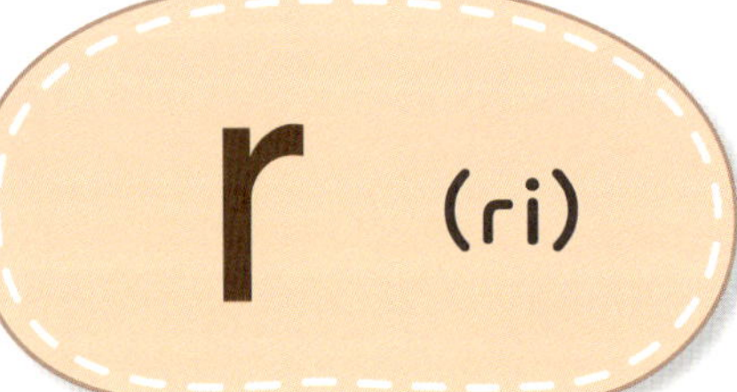

rè 热 덥다

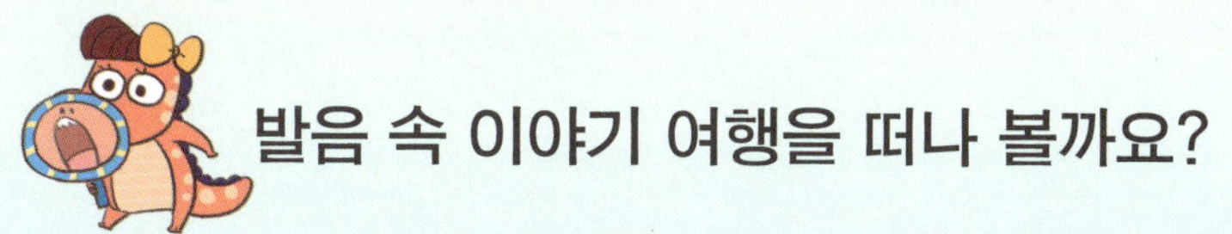

호기심 많은 꼬마 생쥐는 오늘도 궁금한 게 많은지 엄마 생쥐에게

이것 zhè 저것 묻고 있어요.

"엄마, 이것 zhè은 무예요?" "이것은 자동차 chē란다."

"엄마, 저것은 무예요?" "응, 저건 책 shū 이란다."

어느 날 꼬마 생쥐는 엄마 생쥐와 함께 산책을 하다 날씨가 더워서 rè

나무 shù 밑에서 쉬고 있는데, 거미 zhīzhū줄에 걸려서

꼼짝 못하는 뱀 shé을 발견하고 구해 주었어요.

거미 zhīzhū줄에서 풀려난 뱀은 생쥐에게 고맙다고 인사하며

맛있는 치즈를 선물로 주었어요. 생쥐는 치즈를 맛있게 먹었답니다 chī.

다음 물음표에 중국어를 대입한 후, 큰 소리로 말해 볼까요?

xióngmāo
熊猫

tùzi
兔子

lǎohǔ
老虎

dàxiàng
大象

xiǎomāo
小猫

大象 **dàxiàng** 코끼리 | 小猫 **xiǎomāo** 고양이

xiǎogǒu
小狗

xiǎomāo
小猫

dàxiàng
大象

xióngmāo
熊猫

shīzi
狮子

小狗 xiǎogǒu 강아지 ｜ 狮子 shīzi 사자

나만의 멋진 동물원을 만들어 볼까요? 동물을 예쁘게 그려 완성한 후 스티커를 붙여 보세요.

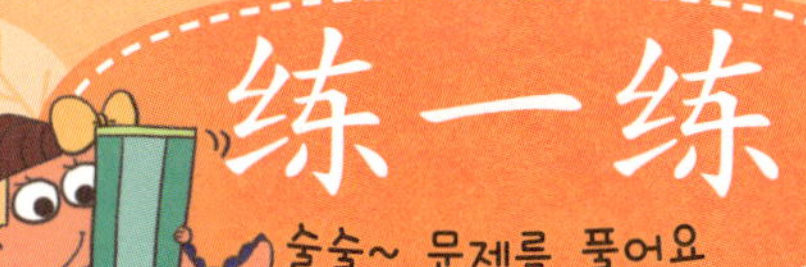

1 녹음을 잘 듣고 빈칸에 알맞은 발음을 보기 에서 찾아 써 보세요.

보기　·ū　ī　é　è

① zh ☐　② sh ☐　③ ch ☐　④ r ☐

2 점을 이어서 중국어 문장을 완성해 보세요.

3 다음 그림을 보고, 대화에 알맞은 스티커를 찾아 붙여 보세요.

중국!하면 떠오르는 동물은?

판다(熊猫 xióngmāo)

중국사람들이 너무나 좋아하는 동물이죠?
여러분들도 많이 알고 있는 판다입니다.
판다는 대나무 잎과 죽순 먹는 것을 좋아해요.

차우차우(松狮犬 sōngshīquǎn)

한국에는 진돗개가 있듯이 중국에도 명견이
있어요~! 바로 중국 황실에서도 사랑을 받던
차우차우라는 강아지예요. 사자와 곰을 섞어
놓은 듯한 외모에 복슬복슬한 갈기털을 가지
고 있는 귀여운 강아지랍니다.

황금원숭이(金丝猴 jīnsīhóu)

손오공의 후예라고 불리는 황금원숭이는
우아하고 멋진 황금빛 털을 가지고 있답니다.
황금원숭이 엉덩이는 무슨 색일까요?
빨간색?? 황금색?? 황금원숭이 엉덩이는 파란색이래요~

1 선생님께서 표 안의 단어를 골라 읽어주면, 학생들은 그 단어를 찾아 캐릭터 스티커를 붙여 가린 후, 표 안의 빈칸에 방금 스티커로 가린 한자와 병음을 써 보세요.

bā 八	①	tā 他	bàba 爸爸
suì 岁	zhè 这	②	lǎohǔ 老虎
③	xióngmāo 熊猫	xǐhuan 喜欢	huángsè 黄色
shéi 谁	④	hóngsè 红色	nà 那

롱롱이, 콩콩이, 요정, 호랑이를 순서대로 만나면서 중국어 문장을 완성해야 왕관 스티커를 획득할 수 있어요. 스티커를 모두 붙여 글자를 완성하면 성공!

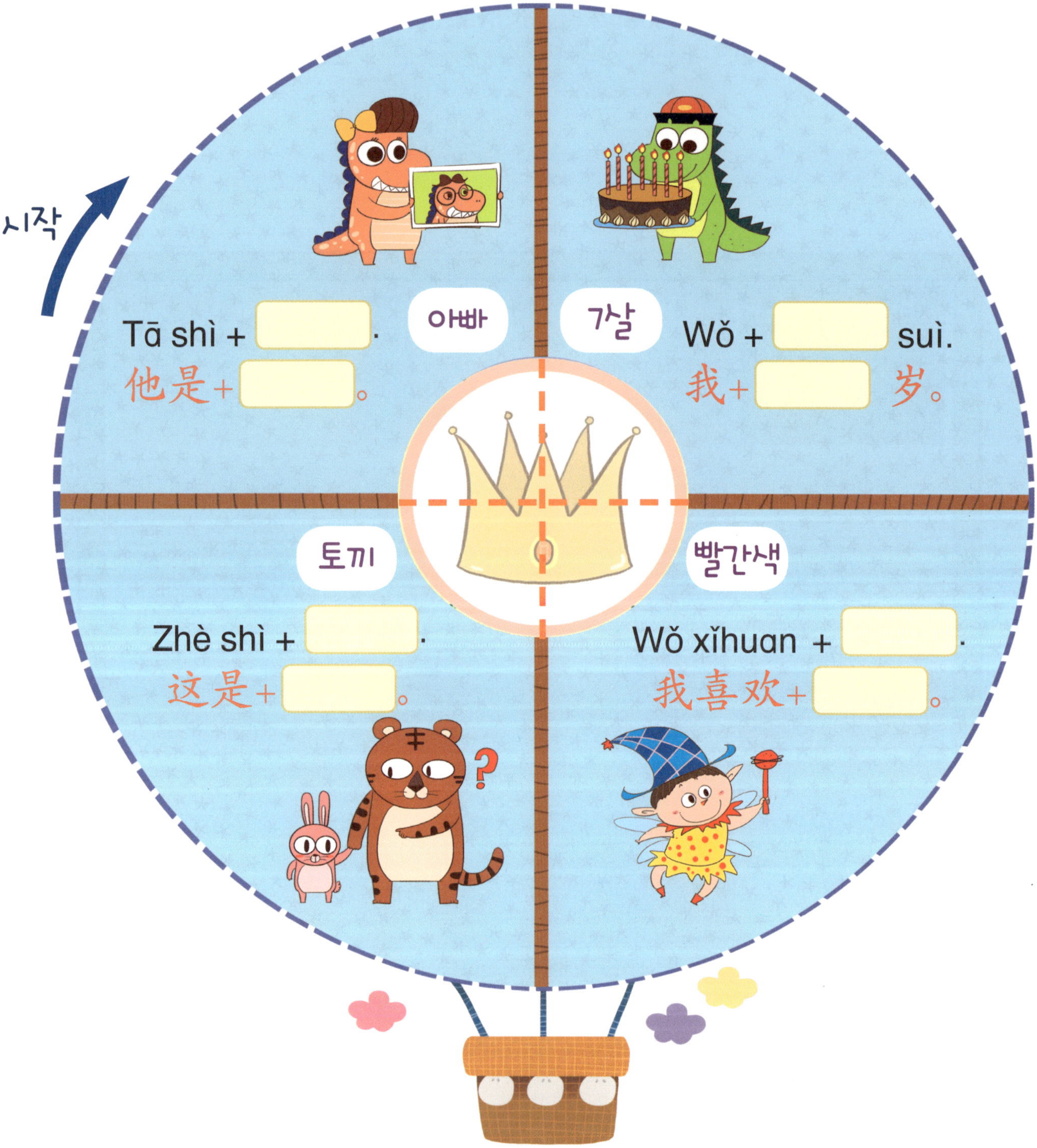

시작

Tā shì + __________ . 아빠
他是 + __________ 。

가살 Wǒ + __________ suì.
我 + __________ 岁。

토끼 Zhè shì + __________ .
这是 + __________ 。

빨간색 Wǒ xǐhuan + __________ .
我喜欢 + __________ 。

서쪽 xī 나라에 살고 있는 왕자는 말을 타고 qí 예쁜 공주를 만나러 왔어요.

쥐 shǔ, 닭 jī, 돼지 zhū, 강아지 gǒu 등 네 sì 마리 동물이 왕자님을 환영해요. 예쁜 공주는 먼 길을 온 왕자님에게 주스와 음식을 대접했어요.

왕자는 덥고 rè 목이 말라 kě 주스를 벌컥벌컥 마시고 hē, 맛있는 음식을 먹었어요 chī. 그때, 옆에 있던 장난꾸러기 고양이가 새장을 한 번 cì, 두 번 cì, 세 번 cì 두드리자 새장의 문이 열렸어요.

그러자 왕자가 공주에게 선물한 신비한 보라색 zǐsè 새는 예쁜 무지개를 만들고는 하늘 높이 날아가 버렸답니다.

4) 그림을 보며 이야기의 내용을 자유롭게 생각해 보고, 친구들과 역할을 정해서
중국어로 대화해 보세요.

CD2 - 35

등장인물

이것은
○○이야.
이것은 무슨
동물이에요?

저는 ○○색을
좋아해요.
너는 무슨 색을
좋아하니?

5 신나게 노래를 따라 불러 보세요.

열 번째 친구는 일어나 보세요!

十个小朋友

텍스트북 정답

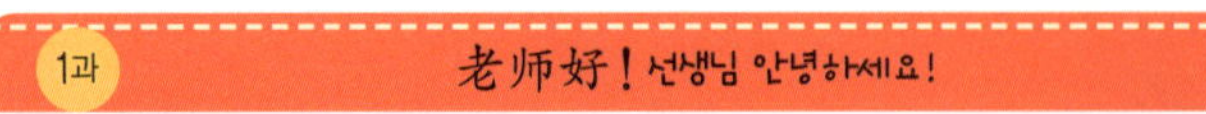

1과 — 27p

练一练
CD1 - 08

1 녹음을 잘 듣고 알맞은 성조에 ◯표를 하세요.

mā　**(má)**　mǎ　mà

2 그림에 알맞은 병음을 보기 에서 찾아 써 보세요.

보기　lǎo　jiā　péng

① 老师　　② 朋友　　③ 大家
lǎo shī　　péng you　　dà jiā

3 다음 그림을 보고, 대화에 알맞은 스티커를 찾아 붙여 보세요.

선생님 안녕하세요! 27

2과 — 39p

练一练
CD1 - 16

1 녹음을 잘 듣고 빈칸에 알맞은 성조를 표시해 보세요.

a　o　e　i　u　ü

2 그림에 알맞은 병음을 보기 에서 찾아 써 보세요.

보기　jìn　zuò　kàn

① xiànzài kàn　　② qǐng jìn　　③ qǐng zuò
现在 看　　请 进　　请 坐

3 다음 그림을 보고, 대화에 알맞은 스티커를 찾아 붙여 보세요.

미안해! 39

3과 — 50p

玩一玩

그림속 친구의 이름을 찾아 알맞은 한자 스티커를 붙이고, 바르게 선을 연결해 보세요!

50 3과

3과 — 51p

练一练
CD1 - 24

1 녹음을 잘 듣고 빈칸에 알맞은 성조를 표시해 보세요.

mo　fo　bo　po

2 빈칸에 알맞은 병음을 찾아 연결한 후, 직접 써 보세요.

shén me　什么
jiào　叫
míng zi　名字

jiào
míng
shén

3 다음 그림을 보고, 대화에 알맞은 스티커를 찾아 붙여 보세요.

나는 재민이라고 해 51

玩一玩

그림에 숨어있는 국기 6개(한국, 중국, 미국, 일본, 독일, 캐나다)를 찾아 O표를 하고,
어느 나라 국기인지 중국어로 말해보세요.

练一练

CD1 · 32

1 녹음을 잘 듣고 빈칸에 알맞은 발음을 [보기] 에서 찾아 써 보세요.

[보기]　à　ǐ　ā　ī

① d [à]　② t [ī]　③ n [ǐ]　④ l [ā]

2 병음에 알맞은 그림을 찾아 연결해 보세요.

Měi　　Zhōng　　Hán

国人
guórén

3 다음 그림을 보고, 대화에 알맞은 스티커를 찾아 붙여 보세요.

66p

2 스티커를 붙여 다음 문장을 완성해 보세요. CD1 · 34

할아버지, 친구들, 판다, 콩콩이를 순서대로 만나면서 중국어 문장을 완성해야
왕관 스티커를 획득할 수 있어요. 스티커를 모두 붙여 글자를 완성하면 성공!

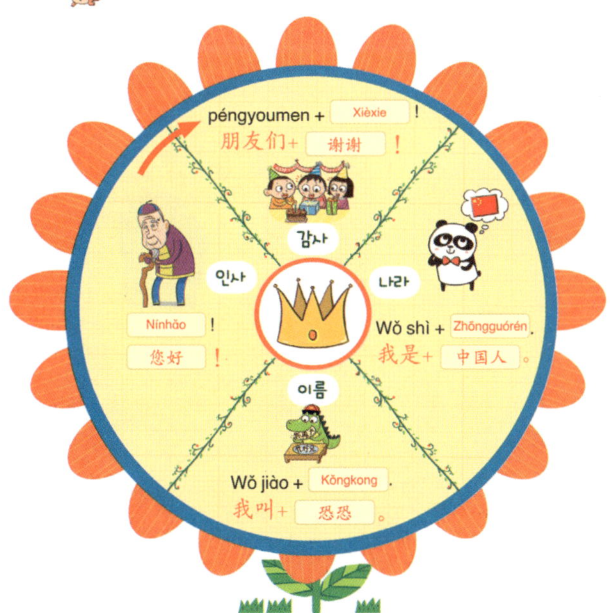

68p

4 그림을 보며 이야기의 내용을 자유롭게 생각해 보고, 친구들과 역할을 정해서
중국어로 대화해 보세요. CD1 · 36

127

69p

 등장인물

복습 69

 玩一玩

5과 80p

사다리를 타고 오르면서 스티커를 찾아 붙이고, 누구인지 중국어로 말해 보세요.

80 5과

练一练　CD2-07

5과 81p

녹음을 잘 듣고 빈칸에 알맞은 병음을 보기 에서 찾아 써 보세요.

보기　ē　ú　ū　ě

① g(ē)　② k(ū)　③ k(ě)　④ h(ú)

빈칸에 그림과 알맞은 병음을 찾아 연결한 후, 직접 써 보세요.

妈妈　　哥哥　　弟弟

ē　ì　ā

m(ā)　　d(ì)　　g(ē)

다음 그림을 보고, 대화에 알맞은 스티커를 찾아 붙여 보세요.

그는 누구니? 81

 玩一玩

6과 92p

동물 친구들의 나이에 알맞게 스티커를 붙이고, 몇 살인지 중국어로 말해 보세요.

92 6과

---

128 정답

练一练
술술~ 문제를 풀어요
CD2-15

녹음을 잘 듣고 빈칸에 알맞은 발음을 보기 에서 찾아 써 보세요.

보기　ǐ　í　ī

① j ǐ　② x ī　③ q í　④ j ī

다음 그림에 알맞은 병음을 찾아 연결해 보세요.

3　5　6　10

wǔ　sān　shí　liù
五　三　十　六

다음 그림을 보고, 대화에 알맞은 스티커를 찾아 붙여 보세요.

Nǐ shì jǐ suì?
你是几岁?
Wǒ bā suì.
我八岁.
Nǐ yě shí suì ma?
你也十岁吗?
Bu shì wǒ jiǔ suì.
不是, 我九岁.

너는 몇 살이니? 93

玩一玩
아로~ 놀면서 배워요
7과 104p

먼저 자기가 좋아하는 색종이 4장을 준비해 주세요. 아래 종이 접기 순서대로
알록달록 풍선을 접어 풀로 붙여 완성한 후, 중국어로 풍선 색깔을 말해 보세요.

방법

예

你喜欢什么颜色?
Nǐ xǐhuan shénme yánsè?

104 7과

练一练
술술~ 문제를 풀어요
CD2-23
7과 105p

❶ 녹음을 잘 듣고 빈칸에 알맞은 발음을 보기 에서 찾아 써 보세요.

보기　ǐ　ā　è　ì

① Z ǐ　② S è　③ C ā　④ S ì

❷ 그림에 알맞은 병음을 찾아 연결한 후, 직접 써 보세요.

hēi sè　lǜ
黑 色

huáng sè　hēi
黄 色

lǜ sè　huáng
绿 色

❸ 다음 그림을 보고, 대화에 알맞은 스티커를 찾아 붙여 보세요.

Nǐ xǐhuan shénme yánsè?
你喜欢什么颜色?
Wǒ xǐhuan lánsè.
我喜欢蓝色.
Nǐ xǐhuan báisè ma?
你喜欢白色吗?
Wǒ bù xǐhuan báisè.
我不喜欢白色.

너는 무슨 색 좋아해? 105

玩一玩
아로~ 놀면서 배워요
8과 116p

나만의 멋진 동물원을 만들어 볼까요? 동물을 예쁘게 그려 완성한 후 스티커를 붙여 보세요.

xióngmāo
熊猫

코끼리 그림

판다 그림

dàxiàng
大象

토끼 그림

호랑이 그림

tùzi
兔子

lǎohǔ
老虎

116 8과

8과 117p

练一练

CD2-31

녹음을 잘 듣고 빈칸에 알맞은 발음을 보기 에서 찾아 써 보세요.

보기 ū ī é è

① zh [ū]   ② sh [é]   ③ ch [ī]   ④ r [è]

점을 이어서 중국어 문장을 완성해 보세요.

다음 그림을 보고, 대화에 알맞은 스티커를 찾아 붙여 보세요.

120p

2 스티커를 붙여 다음 문장을 완성해 보세요. CD2-33

룽룽이, 콩콩이, 요정, 호랑이를 순서대로 만나면서 중국어 문장을 완성해야 왕관 스티커를 획득할 수 있어요. 스티커를 모두 붙여 글자를 완성하면, 성공!

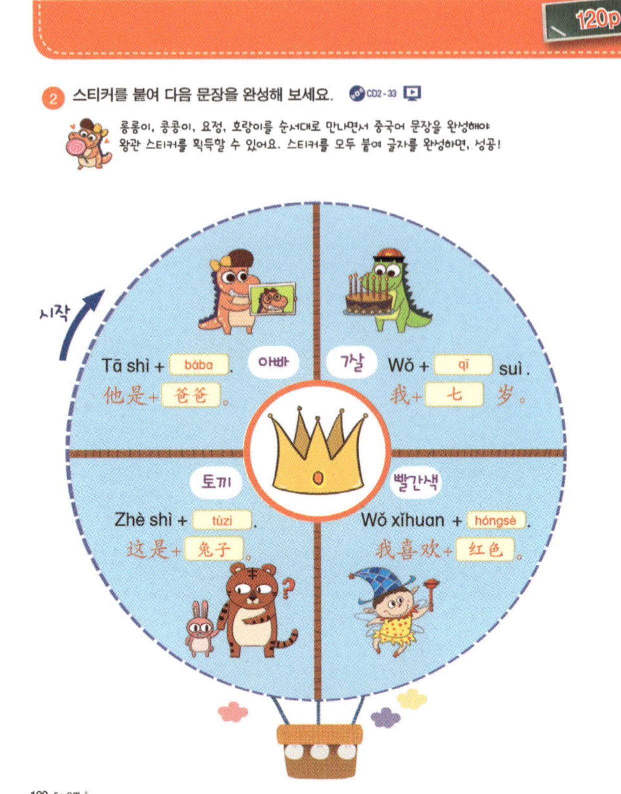

122p

그림을 보며 이야기의 내용을 자유롭게 생각해 보고, 친구들과 역할을 정해서 중국어로 대화해 보세요.

123p

등장인물

130 정답

텍스트북 해석

1과   老师好！선생님 안녕하세요！

 你好！
미나) 안녕!

 你好！
딴딴) 안녕!

老师好！
뿌뿌, 딴딴) 선생님 안녕하세요!

大家好！
선생님) 얘들아 안녕!

大家再见！
미나) 얘들아 잘 가!

再见！
 뿌뿌, 딴딴) 잘 가!

好 好，你好！
좋아 좋아, 안녕!

好 好，你好！
좋아 좋아, 안녕!

老师 老师，老师好！
선생님 선생님, 선생님 안녕하세요!

大家 大家，大家好！
얘들아얘들아, 얘들아 안녕!

再 再，再见！
잘 잘, 잘 가!

老师 老师，老师再见！
선생님 선생님, 선생님 안녕히 가세요!

大家 大家，大家再见！
얘들아얘들아, 얘들아 잘 가!

2과 对不起! 미안해!

[본문] 30–32p

 对不起!
콩콩) 죄송해요!

 谢谢!
콩콩) 고마워!

不客气!
딴딴) 천만에!

谢谢!

고마워요!

进, 进! 请进!
들어 들어, 들어오세요!

对 对! 对不起!
죄송 죄송, 죄송해요!

没 没! 没关系!
괜찮 괜찮, 괜찮아요!

坐 坐! 请坐!
앉아 앉아, 앉으세요!

谢 谢! 谢谢!
고맙 고맙, 고마워요!

不 不! 不客气!
아니 아니, 천만에요!

请进! 请坐!
딴딴아빠) 들어와! 앉으렴!

谢谢!
콩콩) 감사합니다!

对不起。
콩콩) 죄송해요.

没关系。
딴딴아빠) 괜찮단다.

[본문] 42-44p

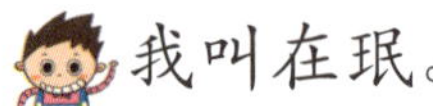 你叫什么名字?
아프리카인) 너는 이름이 뭐니?

 我叫在珉。
재민) 저는 재민이라고 해요.

你叫什么名字?
프랑스인) 너는 이름이 뭐니?

我叫在珉。
재민) 나는 재민이라고 해.

 你呢?
프랑스인) 너는?

 我叫恐恐。
콩콩) 내 이름은 콩콩이야.

我叫成龙，你呢?
소림소년) 나는 청룽이라고 해, 너는?

我叫在珉。
재민) 나는 재민이라고 해.

[챈트] 45p

你叫什么名字?
너는 이름이 뭐니?

名字 名字, 什么名字?
이름 이름, 무슨 이름?

叫 叫, 什么名字?
불러 불러, 무슨 이름?

在珉 在珉, 我叫在珉。
재민 재민, 나는 재민이라고 해.

名字 名字, 什么名字?
이름 이름, 무슨 이름?

叫 叫, 什么名字?
불러 불러, 무슨 이름?

步步 步步, 我叫步步。
뿌뿌 뿌뿌, 나는 뿌뿌라고 해.

4과   你是哪国人? 너는 어느 나라 사람이니?

[본문] 54-56p

你是哪国人?
해리포터) 너는 어느 나라 사람이니?

我是韩国人。
미나) 나는 한국사람이야.

你们是哪国人?
해리포터) 너희들은 어느 나라 사람이니?

我是中国人。
딴딴) 나는 중국사람이야.

我是美国人。
미미) 나는 미국사람이야.

你也是韩国人吗?
해리포터) 너도 한국사람이니?

不是，我是日本人。
일본친구) 아니, 나는 일본 사람이야.

[챈트] 57p

你是，你是哪国人?
너는, 너는 어느 나라 사람이니?

你是，你是哪国人?
너는, 너는 어느 나라 사람이니?

我是，我是中国人。
나는, 나는 중국사람이야.

我是，我是美国人。
나는, 나는 미국사람이야.

你也是韩国人吗?
너도 한국사람이니?

不是，不是韩国人。
아니, 한국사람 아니야.

我是，我是日本人。
나는, 나는 일본사람이야.

[노래] 70p

找朋友
친구를 찾아요

找朋友, 找朋友,
친구를 찾아요

行个礼, 握握手
인사하고 악수해요

你好 我是 [李美娜]
안녕 나는 이미나라고 해

找到一个好朋友
좋은 친구를 찾았어요

[본문] 72-74p

他是谁?
데이비드) 그는 누구니?

他是我爸爸。
롱롱) 그는 우리 아빠야.

大家好!
롱롱엄마) 얘들아 안녕!

她是谁?
데이비드) 그녀는 누구니?

她是我妈妈。
롱롱) 그녀는 우리 엄마야.

他是谁?
데이비드) 그는 누구니?

他是我弟弟。
롱롱) 그는 내 남동생이야.

[챈트] 75p

我爱，我爱你!
사랑해요, 당신을 사랑해요!

他是 他是，他是谁?
그는 그는, 그는 누구니?

爸爸 爸爸，我爸爸。
아빠 아빠, 우리 아빠에요.

她是 她是，她是谁?
그녀는 그녀는, 그녀는 누구니?

妈妈 妈妈，我妈妈。
엄마 엄마, 우리 엄마에요.

我爱 我爱，我弟弟。
사랑해 사랑해, 제 동생을 사랑해요.

我爱 我爱，我爱你。
사랑해 사랑해, 당신을 사랑해요.

[본문] 84-86p

你几岁?
지휘자) 너는 몇 살이니?

我八岁。
미미) 저는 여덟 살이에요.

你妹妹呢?
지휘자) 네 여동생은?

我妹妹六岁。
미미) 제 여동생은 여섯 살이에요.

你几岁?
지휘자) 너는 몇 살이니?

我十岁。
콩콩) 저는 열 살이에요.

你呢?
지휘자) 너는?

我也十岁。
중국인) 저도 열 살이에요.

你也六岁吗?
지휘자) 너도 여섯 살이니?

不是，我五岁。
여자아이) 아니요, 저는 다섯 살이에요.

[챈트] 87p

你几岁?
너는 몇 살이니?

岁 岁，你几岁?
나이 나이, 너는 몇 살이니?

八 八，我八岁。
여덟 여덟, 나는 여덟 살이야.

六六，我六岁。
여섯 여섯, 나는 여섯 살이야.

岁 岁，你几岁?
나이 나이, 너는 몇 살이니?

十 十，我十岁。
열 열, 나는 열 살이야.

我 我，我也十岁。
나 나, 나도 열 살이야.

[본문] 96-98p

你喜欢什么颜色?
요정) 너는 무슨 색을 좋아하니?

我喜欢黄色。
미나) 나는 노란색을 좋아해.

你们喜欢什么颜色?
요정) 너희들은 무슨 색을 좋아하니?

我喜欢红色。
데이비드) 나는 빨간색을 좋아해.

我喜欢蓝色。
뿌뿌) 나는 파란색을 좋아해.

你喜欢黑色吗?
요정) 너는 검정색을 좋아하니?

我不喜欢黑色，我喜欢白色。
콩콩) 나는 검정색을 싫어하고, 흰색을 좋아해.

[챈트] 99p

什么颜色?
무슨 색깔?

你喜欢什么颜色?
너는 무슨 색을 좋아하니?

我喜欢黄色，黄色。
나는 노란색, 노란색을 좋아해.

我喜欢蓝色，蓝色。
나는 파란색, 파란색을 좋아해.

我喜欢红色，红色。
나는 빨간색, 빨간색을 좋아해.

你喜欢黑色吗?
너는 검정색을 좋아하니?

我不喜欢黑色，黑色。
나는 검정색, 검정색을 싫어해.

我喜欢白色，白色。
나는 흰색, 흰색을 좋아해.

8과　这是熊猫 이것은 판다야

[본문] 108–110p

这是什么动物?
뿌뿌) 이것은 무슨 동물이야?

这是熊猫。
콩콩) 이것은 판다야.

那是什么动物?
뿌뿌) 저것은 무슨 동물이야?

那是兔子。
롱롱) 저것은 토끼야.

这是老虎吗?
뿌뿌) 이것은 호랑이니?

不是老虎，他是小偷!
롱롱) 호랑이가 아니야, 저 사람은 도둑이야!

[챈트] 111p

蹦蹦跳跳! 兔子，老虎!
깡충깡충! 토끼, 호랑이!

这 这，这是什么动物?
이것 이것, 이것은 무슨 동물이야?

这 这，这是兔子，兔子。
이것 이것, 이것은 토끼야, 토끼야.

那 那，那是什么动物?
저것 저것, 저것은 무슨 동물이야?

那 那，那是老虎，老虎。
저것 저것, 저것은 호랑이야, 호랑이야.

兔子 兔子，老虎 老虎
토끼 토끼, 호랑이 호랑이

蹦蹦跳跳，蹦蹦跳跳
깡충깡충, 깡충깡충

[노래] 124p

十个小朋友
열 명의 꼬마 친구

一个两个三个小朋友
한 꼬마 두 꼬마 세 꼬마 친구

四个五个六个小朋友
네 꼬마 다섯 꼬마 여섯 꼬마 친구

七个八个九个小朋友
일곱 꼬마 여덟 꼬마 아홉 꼬마 친구

第十个小朋友站起来
열 번째 친구 일어나세요

memo

2권에서
만나요!!

어린이 중국어 붐붐 1

나만의 붐붐 단어장

이름: ______________

你好
___ hǎo
안녕

"빈칸에 중국어 발음 또는 한글 뜻을
바르게 쓰고, 미완성인 그림은
예쁘게 색칠한 후, 세상에서
하나 밖에 없는 나만의
중국어 단어장을 만들어보세요."

大家
___ jiā
모두, 여러분

再见
zài ___
잘 가, 또 봐

朋友
___ you
친구

老师
lǎo ___
선생님

晚上
___ shang
저녁

早上
zǎoshang
___

2과	2과
对不起 buqǐ 미안해	没关系 méiguānxi

2과	2과
谢谢 xie 고마워	不客气 búkèqi

2과	2과
进 들어가다	坐 zuò

2과	2과
听 듣다	看 kàn

步步
在珉

2과 说 shuō	3과 你 너, 당신
3과 我 wǒ	3과 叫 ~라고 부르다
3과 什么 shénme	3과 名字 zi 이름
4과 哪国人 rén 어느 나라 사람	4과 中国人 rén 중국사람

4과
韩国人
Hánguórén

4과
日本人
rén
일본사람

4과
美国人
rén
미국사람

5과
谁
누구

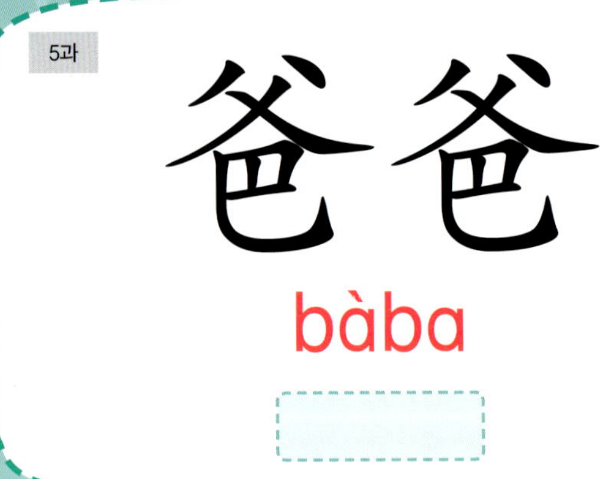
5과
爸爸
bàba

5과
妈妈
ma
엄마

5과
弟弟
dìdi

5과
妹妹
mei
여동생

나도 8살
8살

5과 姐姐	5과 哥哥
jie 누나, 언니	ge 형, 오빠
5과 奶奶 nǎinai	5과 爷爷 ye 할아버지
6과 几 jǐ	6과 岁 ~살, ~세
6과 也 ~도, 또한	6과 一 1, 하나

6과
二
èr

6과
三
3, 셋

6과
四
sì

6과
五
5, 다섯

6과
六
liù

6과
七
7, 일곱

6과
八
8, 여덟

6과
九
jiǔ

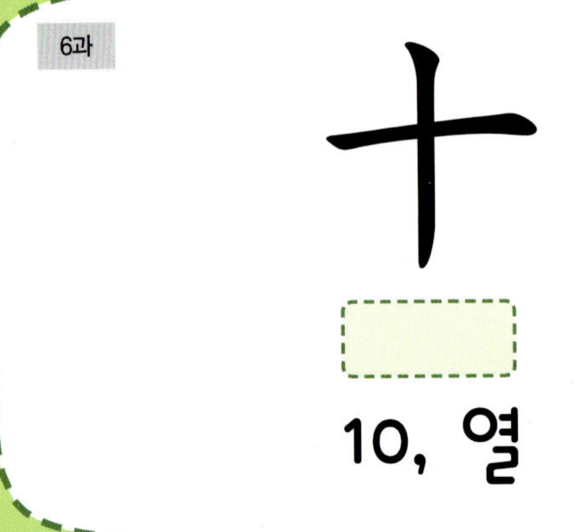

6과
十
10, 열

7과
喜欢
xǐhuan

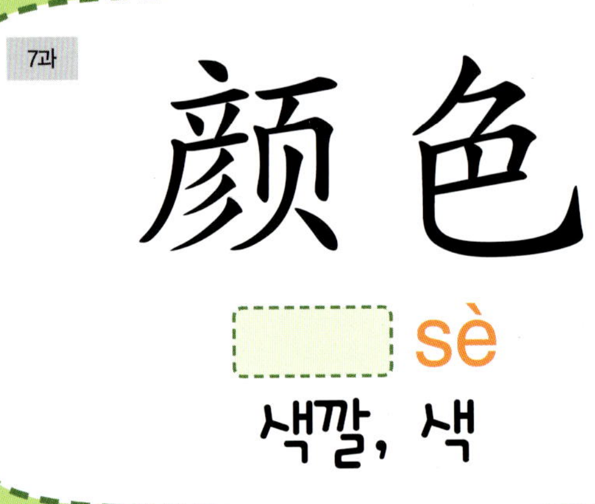

7과
颜色
sè
색깔, 색

7과
黄色
huángsè

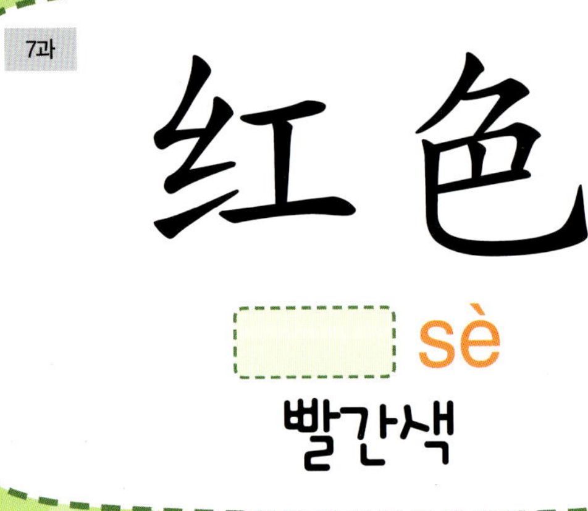

7과
红色
sè
빨간색

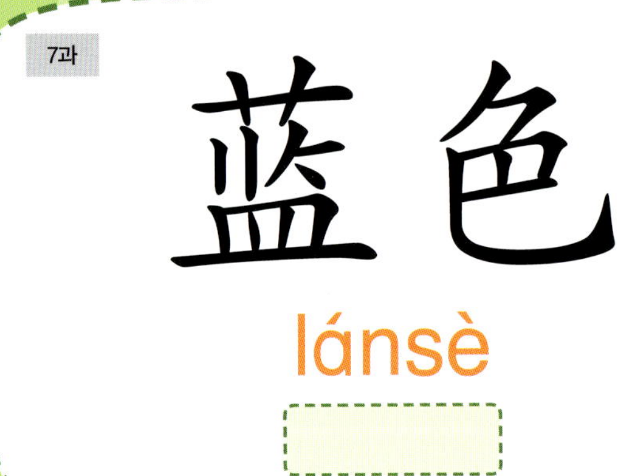

7과
蓝色
lánsè

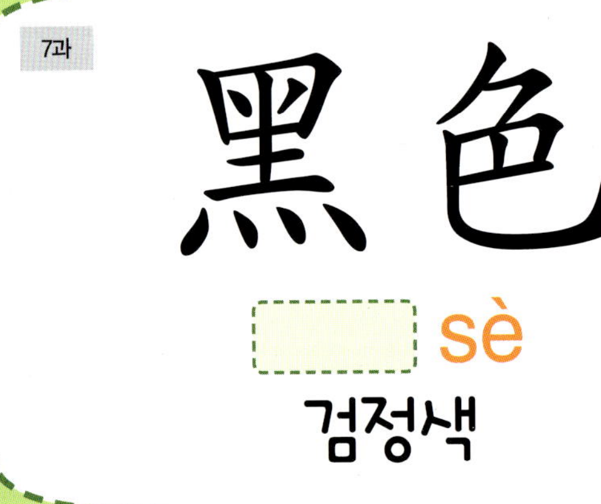

7과
黑色
sè
검정색

7과
白色
sè
흰색, 하얀색

8과	8과
这 이, 이것	那 저, 저것
动物 dòngwù	熊猫 ＿＿＿ māo 판다
兔子 tùzi	老虎 ＿＿＿ hǔ 호랑이
小狗 xiǎo ＿＿＿ 강아지	小猫 xiǎomāo

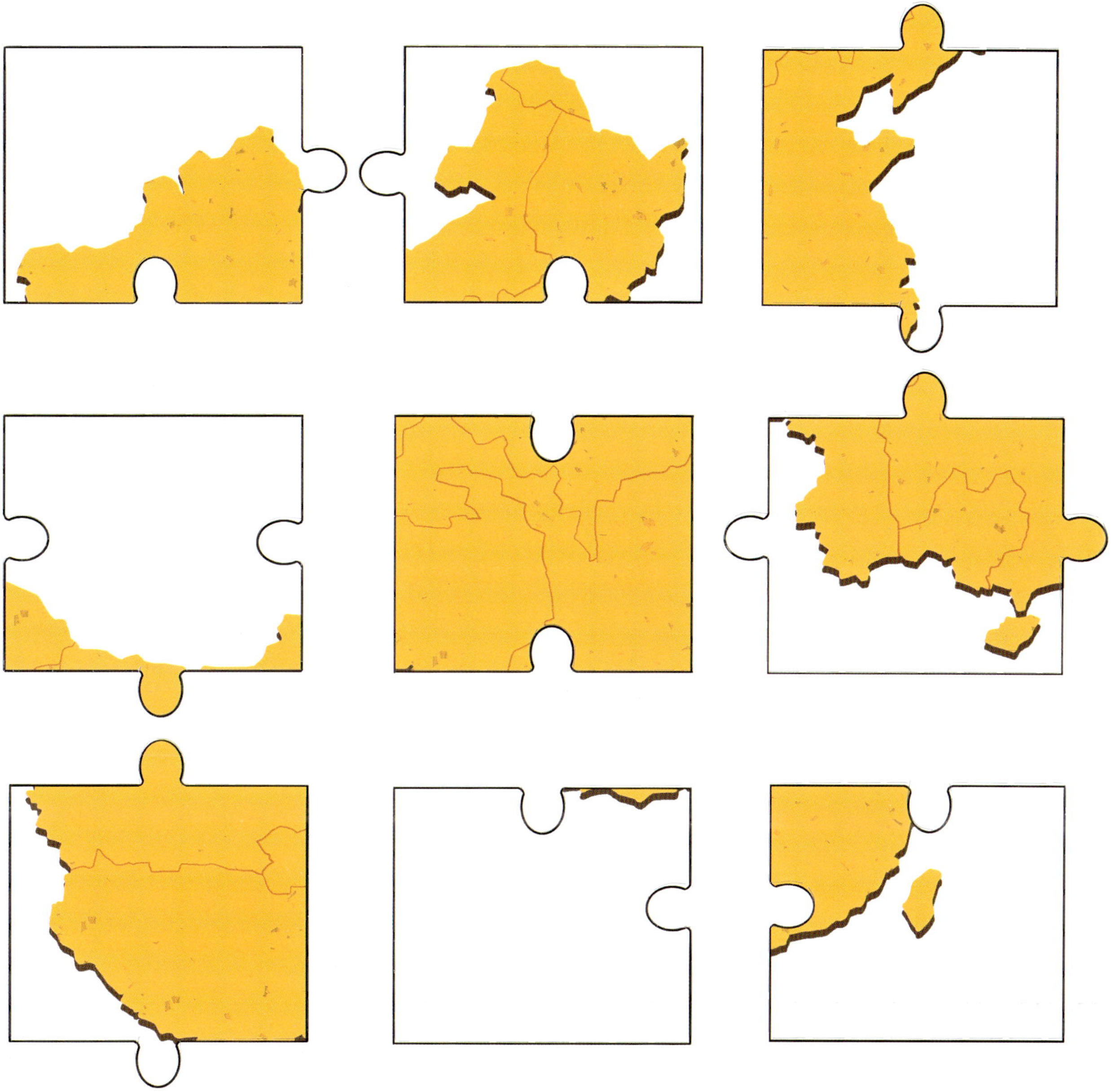

1과 27p

2과 39p

3과 50p

3과 51p

4과 57p

4과 63p

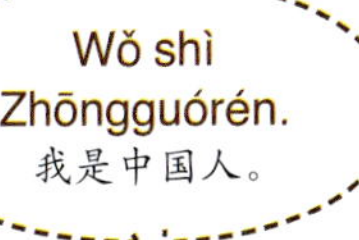

복습과 65p

| Kǒngkong | Zhōngguórén | Xièxie | Nín hǎo |

| 恐恐 | 中国人 | 谢谢 | 您好 |

5과 80p

| **yéye** 爷爷 | **bàba** 爸爸 | **gēge** 哥哥 |
| **nǎinai** 奶奶 | **māma** 妈妈 | **mèimei** 妹妹 |

5과 81p

Tā shì wǒ bàba.
他是我爸爸。

Tā shì shéi?
他是谁？

Tāmen shì shéi?
他们是谁？

Tāmen shì wǒ gēge hé jiějie.
他们是我哥哥和姐姐。

6과 92p

6과 93p

7과 105p

8과 116p

8과 117p

복습과 119p

복습과 120p

스토리텔링으로 가르치기 쉽고 배우기 쉬운 교재

어린이 중국어 붐붐 1

워크북

김윤희 지음 · 최윤선 감수

동양북스

김윤희 지음 · 최윤선 감수

동양북스

 저자

김윤희

전) 수암초, 효문중 방과후 학교 특기적성 중국어교사
　　좋은나라유치원, 아라유치원, 예일어린이집 등 어린이 중국어 전임강사
　　Brown Education Forum 어린이 중국어 교육팀장
현) 신양초 방과후 학교 특기적성/돌봄 중국어교실 전담 중국어교사
　　키즈클럽 WILLY CAMPUS 영어유치원 어린이 중국어 전임강사
　　유아교육 대표카페 〈유아중국어 동영상〉 운영강사
　　중국 전문 채널 〈하오 TV〉 중국어강사

저서
〈어린이 중국어 Kids Beijing 1～10권〉
〈맛있는 어린이 중국어 1～3권〉
〈이얼싼 Yes 중국어 GRADE 5〉
〈OPIC 중국어의 정석 IM 공략〉
〈중국어 무작정 따라하기〉

 감수

최윤선

숙명여자대학교 중문학과 졸업
북경사범대학 중문과 석사 졸업(문학석사)
북경사범대학 중문과 박사 졸업(문학박사)
안양과학대학 관광중국어과 교수
소프트진흥원 유아중국어 콘텐츠개발 자문위원

어린이 중국어 관련 주요 논문 및 저서
〈어린이 중국어 교육방법의 이론배경〉 논문 발표
〈어린이 중국어의 특징과 듣기 교육방법 연구〉 논문 발표
〈어린이 중국어 발음 및 성조 교육법〉 논문 발표
〈다락원 어린이 중국어 1～6권〉 교재 발표

 자문위원

김은주

조선대학교 중국어과 졸업
대만국립고웅사범대학교 졸업(문학석사)
중국 광주 중산대학교 졸업(언어문자학박사)
제주한라대학교 관광중국어과 교수
제주도내 초중등학교 특성화 및 방과 후 중국어교육 컨설팅위원

주요 논문 및 저서
〈몸동작을 활용한 아동 중국어 성조교육〉
〈방과 후 아동 중국어 지도를 위한 성인학습 교수방법〉
〈儿童汉语教学法〉
〈다락원 관광중국어〉

 심의위원

김미숙 교수　　롱차이나 대표
김민영 선생　　부산외대 평생교육원
　　　　　　　어린이 지도사 양성강사
김민희B 선생　　계성초등학교
김주리 선생　　상명초등학교

노　경 선생　　경기초등학교
손보라 선생　　방과후 전문강사
이금영 선생　　경기초등학교
황선주 선생　　방과후 전문강사　　（※가나다順）

어린이 중국어 학습에서 가장 중요한 것은 아이들의 중국어에 대한 동기유발과 흥미유지입니다. 아무리 좋은 교재와 교육을 제공한다 해도 흥미가 없으면 중국어 실력은 제자리 걸음이고 결국에는 중국어 배우기를 포기하게 되는 원인이 되기도 합니다. 그래서 어린이들에게 재미있는 중국어 학습 환경을 만들어주고 싶은 생각에 아이들의 눈높이에 맞춰 한 문장, 한 문장 고민하며 중국어를 눈으로 느끼고, 귀로 담아, 입으로 표현하는 오감만족 중국어 교재 「어린이 중국어 붐붐」을 완성하였습니다.

❀ 「어린이 중국어 붐붐」의 특징 ❀

1. 동화책을 보는듯한 재미있는 스토리

교과서적인 딱딱한 내용에서 벗어나, 동화책 한 권을 읽는 느낌으로 첫 장부터 끝까지 재미있게 배웁니다. 아이들에게 가르치려는 중국어 표현을 생생한 이야기로 설득력 있게 전달하는 스토리텔링 학습 기법을 담았습니다.

2. 무한 반복을 통한 중국어 자동 암기

앞에서 배운 내용을 신나는 챈트를 따라 부르면서 반복하고, 재미있는 놀이학습과 모듬 활동으로 신나게 반복합니다. 연습문제 코너에서는 듣기, 읽기, 쓰기, 판단하기 등의 다양한 문제를 풀면서 다시 한번 반복합니다. 일부러 외우지 않아도 공부한 중국어 표현이 저절로 머릿속에 쏙쏙~ 기억됩니다.

3. 학생, 선생님, 부모님이 함께하는 학사부 일체 중국어

오감만족의 놀이활동을 통해 교사와 학생 또는 부모와 자녀가 함께 참여해 주어진 미션을 수행하면서 중국어 학습을 합니다. 서로 역할을 바꿔 가면서 중국어로 질문과 대답을 함으로써 상호간의 교류 학습을 통해 창의적인 사고력을 키우며 중국어의 실력도 쑥쑥~ 업그레이드 할 수 있습니다.

이 책이 의욕적으로 중국어를 배우고자 하는 모든 어린이들에게 중국어가 쉽고, 재미있는 언어로 느끼고, 세계를 향해 날아가는 중국어의 큰 날개를 달아 줄 수 있기를 바랍니다.

마지막으로, 본 교재가 나오기까지 열정으로 도전할 수 있도록 아낌없는 격려를 해 주신 동양북스 김태웅 사장님, 정연희 원장님, 책의 구성과 내용 편집에 애써 주신 중국어 편집부와 아이들이 좋아하는 예쁜 디자인을 해 주신 동양북스 디자인팀, 어린이 중국어 교육과 집필에 항상 큰 용기와 격려를 주시는 황영남 교수님, 저의 든든한 중국 친구인 赵丽华 선생님과 현장에서 도움을 주신 여러 선생님 진심으로 감사합니다. 그리고 저의 영원한 보물1호인 가족들에게 감사와 사랑의 마음을 전합니다.

김윤희

듣기 연습

다음 들려주는 중국어를 잘 듣고 알맞은 정답을
골라보세요. 반복해서 듣다 보면 듣기의 달인이
될 수 있어요!

다양한 문제

선 잇기, 빙고 문제 등 다양한 문제를 풀어 보세요.
문제가 정말 정말 쉬워요~

창의력 문제

미로 찾기, 스티커 붙이기, 색칠하기 등 다양한 놀이와 함께 문제를 풀다 보면 중국어 실력이 쑥쑥~ 올라가요~

중국어 쓰기

중국어의 발음과 한자를 또박또박 써 보세요.
특히 한자는 획순에 맞게 연습해 보세요!

차 례

단원	주제	핵심표현	발음	문화
1과	선생님 안녕하세요! 老师好!	만났을 때의 인사표현 你好! / 您好! 老师好! / 大家好!	ma를 사용한 성조 연습	중국
2과	미안해! 对不起!	고마움과 인사 표현 谢谢。/ 不客气。 对不起。/ 没关系。 핵심 표현 请 + 进，坐，说! 现在 + 进，坐，说!	a, o, e, i, u, ü	중국의 포권 인사
3과	나는 재민이라고 해 我叫在珉	이름 묻고, 자기 이름 소개 표현 你叫什么名字？/ 我叫在珉。 我叫成龙，你呢？/ 我叫在珉。	b, p, m, f	중국의 성씨와 호칭
4과	너는 어느 나라 사람이니? 你是哪国人?	국적 표현 你是哪国人？/ 我是韩国人。 你是韩国人吗？/ 不是，我是日本人。	d, t, n, l	중국의 여행지
복습과		1과~4과 복습		
5과	그는 누구니? 他是谁?	가족의 호칭 표현 她是谁？/ 她是我妈妈。 他是谁？/ 他是我爸爸。	g, k, h	소황제
6과	너는 몇 살이니? 你几岁?	나이 묻고, 대답하는 표현 你几岁？/ 我八岁。 你妹妹呢？/ 我妹妹六岁。	j, q, x	중국인이 좋아하는 숫자
7과	너는 무슨 색을 좋아하니? 你喜欢什么颜色?	색에 관한 표현 你喜欢什么颜色？/ 我喜欢蓝色。	z, c, s	중국의 대표 동물
8과	이것은 판다야 这是熊猫	동물에 관한 표현 这是什么动物？/ 这是熊猫。 那是什么动物？/ 那是兔子。	zh, ch, sh, r	경극 가면과 색깔
복습과		5과~8과 복습		

老师好!

Lǎoshī hǎo! 선생님 안녕하세요!

01 녹음을 따라 읽으면서 예쁘게 써 보세요.

1성	mā			
2성	má			
3성	mǎ			
4성	mà			

02 녹음을 듣고 큰 소리로 따라 읽은 후, 병음을 써 보세요.

1 h + ao ➡ hǎo

2 j + ian ➡ jiàn

3 n + i ➡ nǐ

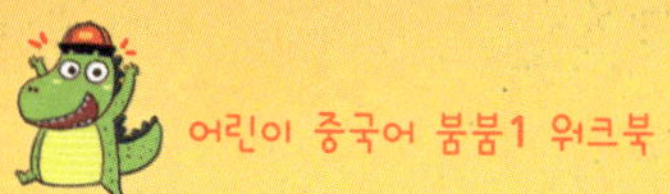

03 다음 단어 뜻에 맞도록 성모와 운모를 짝지어 보세요.

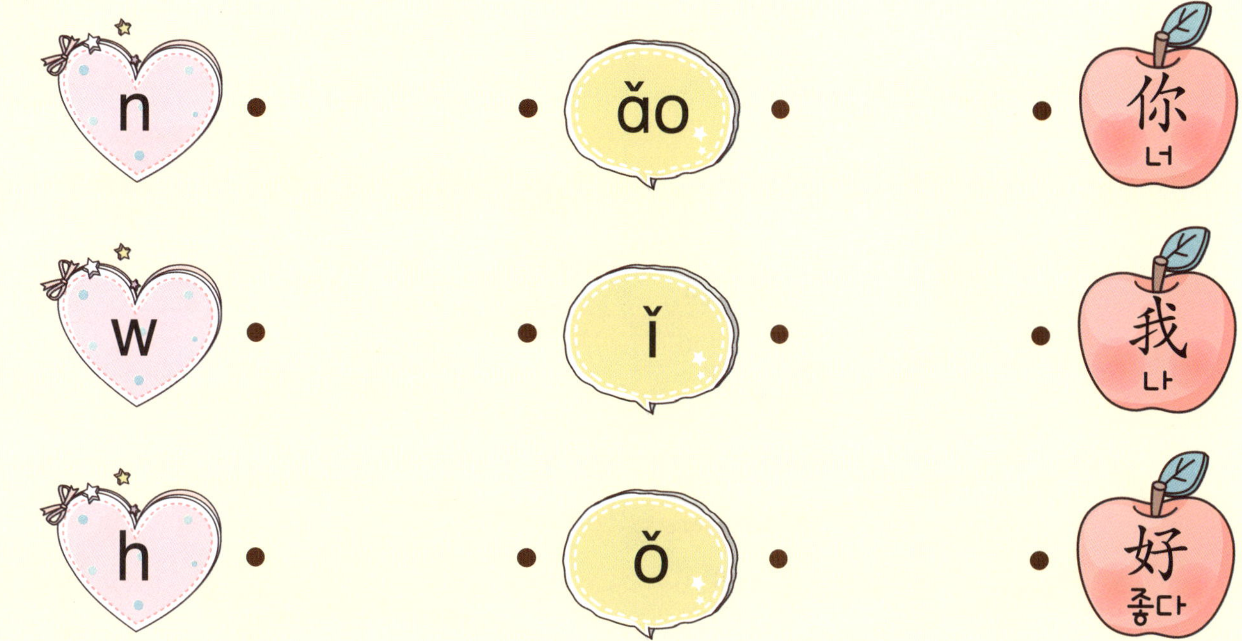

04 힌트를 보고 숨어 있는 단어를 찾아 ○표를 해 보세요.

힌트 (1) nǐ hǎo   (2) zàijiàn   (3) dàjiā hǎo   (4) zǎoshang hǎo   (5) lǎoshī hǎo

您	见	早	大
你	好	上	再
老	师	好	见
你	大	家	好

05 미로를 따라 그림과 맞는 단어를 찾아 병음 스티커를 붙이세요.

06 병음과 한자를 예쁘게 쓰고 큰 소리로 읽어 보세요.

你好
nǐ hǎo
안녕하세요

nǐ hǎo

你 好

大家
dàjiā
여러분, 모두

dàjiā

大 家

老师
lǎoshī
선생님

lǎoshī

老 师

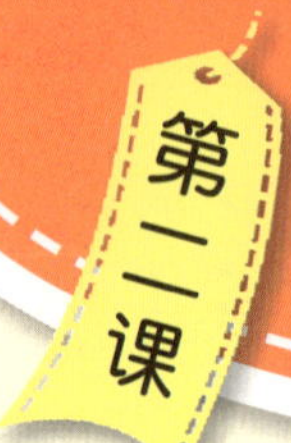

对不起!

Duìbuqǐ! 미안해!

CD - 03

01 녹음을 잘 듣고 빈칸에 알맞은 병음을 쓴 후, 읽어 보세요.

a	à	á	ǎ	ā
e	ē	ě	é	
u	ū	ú		ù

o	ō	ò		ǒ
i	ī	ǐ		ì
ü	ǖ	ǘ	ǚ	

02 녹음을 듣고 그림에 알맞은 병음을 연결한 후, 직접 써 보세요.

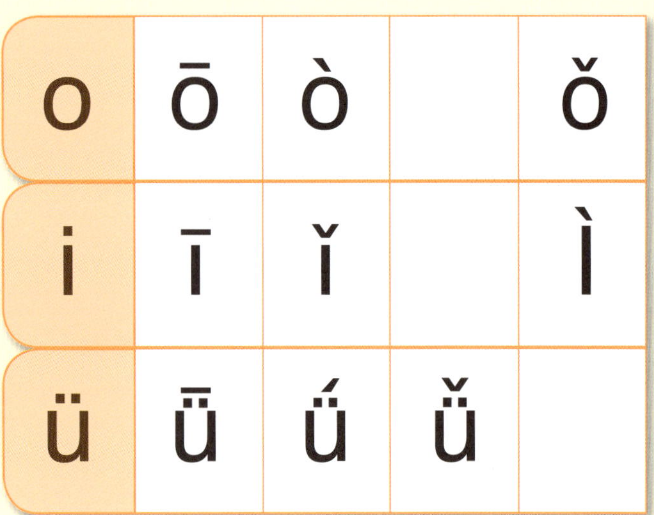

1   j •   • ( )īng

2   t •   • ( )àn

3   k •   • ( )ìn

03 다음 한자와 알맞은 성조에 ○표를 하고, 큰 소리로 읽어 보세요.

进	jīn	jín	jǐn	jìn
谢	xiē	xié	xiě	xiè
说	shuō	shuó	shuǒ	shuò
坐	zuō	zuó	zuǒ	zuò

04  의미가 통하는 것끼리 연결한 후, 색칠해 보세요.

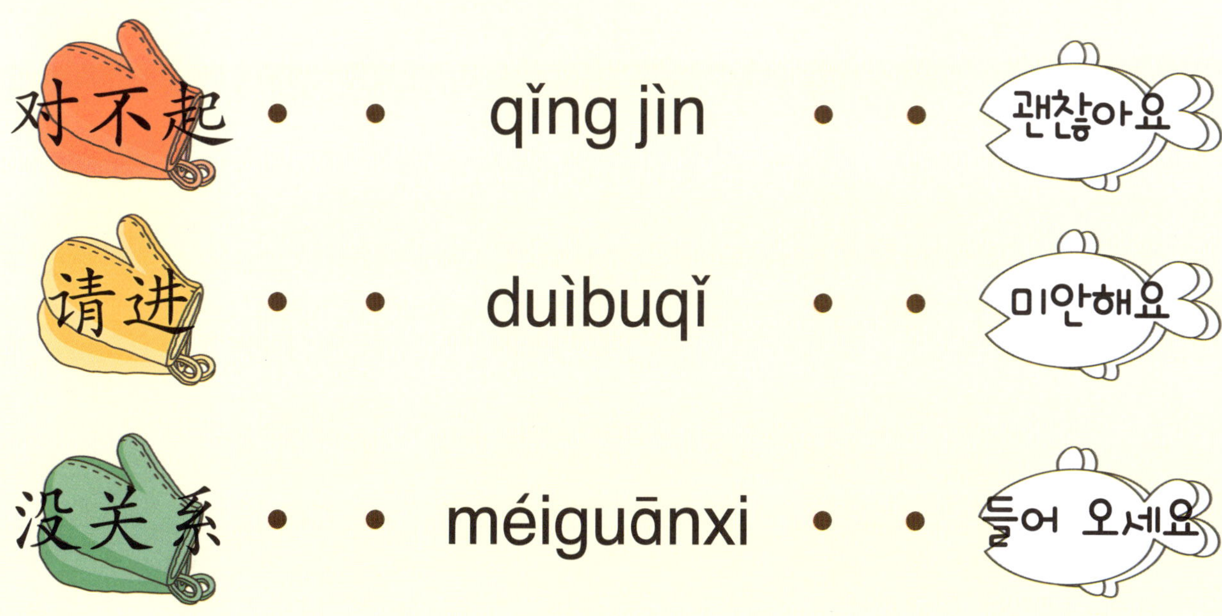

05 다음 그림과 한자에 알맞은 병음 스티커를 붙여 보세요.

◉ 다음 한자의 병음을 써 보세요.

进	听	坐	说	看

06 병음과 한자를 예쁘게 쓰고 큰 소리로 읽어 보세요.

谢谢
xièxie
고맙습니다

xièxie

谢　谢

对不起
duìbuqǐ
미안합니다

duìbuqǐ

对　不　起

请
qǐng
~해주세요

qǐng

请

我叫在珉

Wǒ jiào Zàimín 나는 재민이라고 해

01 녹음을 잘 듣고 따라 읽으면서 빈칸에 알맞은 병음을 써 보세요.

b
p
m
f

$+$

ō
ó
ǒ
ò

$=$

	bó		bò
pō		pǒ	
	mó		mò
fō		fǒ	

02 녹음을 잘 듣고 그림에 알맞은 병음을 보기 에서 찾아 써 보세요.

보기 b p m f

à

ó

ō

ò

16

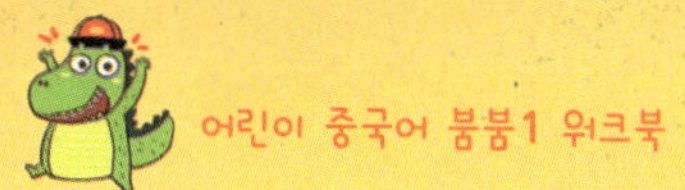

03 다음 병음을 올바른 순서대로 쓰고 큰 소리로 읽어 보세요.

1

名字

| | | | | zi |

2

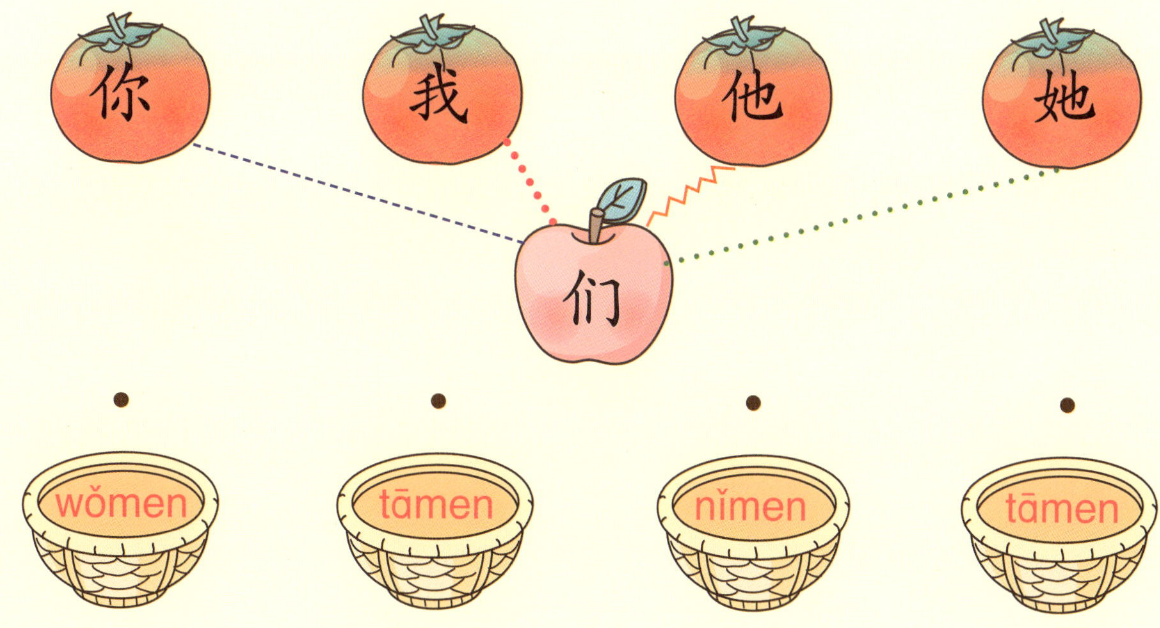

叫

| j | | | |

04 다음 한자에 알맞은 뜻을 찾아 연결해 보세요.

05

미로를 따라가 보면서 아래 문장에 알맞은 병음을 찾아 써 보세요.

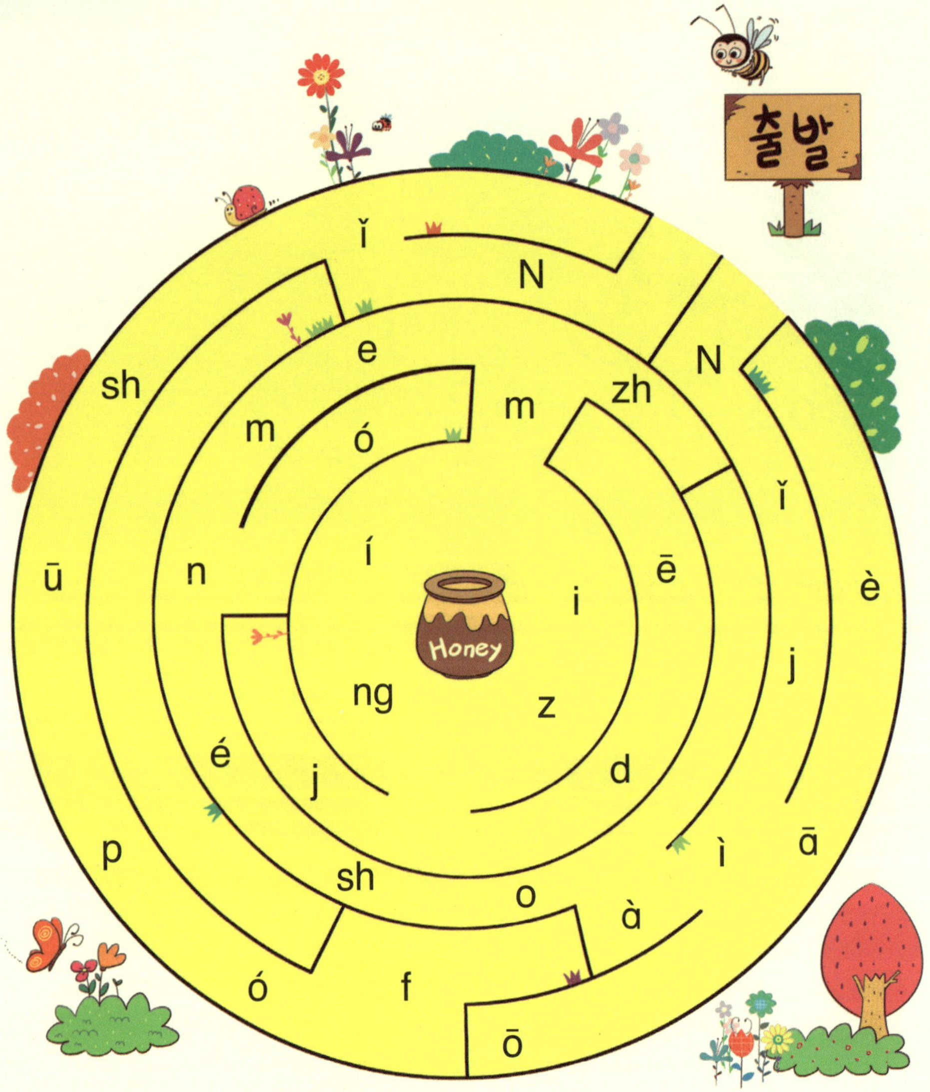

너는 이름이 뭐니?

| Nǐ | | | | ? |

06 병음과 한자를 예쁘게 쓰고 큰 소리로 읽어 보세요.

叫 jiào ~라고 불리다	jiào
什么 shénme 무엇	shénme
名字 míngzi 이름	míngzi

你是哪国人?

Nǐ shì nǎ guó rén? 너는 어느 나라 사람이니?

01 녹음을 잘 듣고 알맞은 병음을 찾아 ○표를 해 보세요.

02 녹음을 잘 듣고 알맞은 것끼리 연결한 후, 병음을 써 보세요.

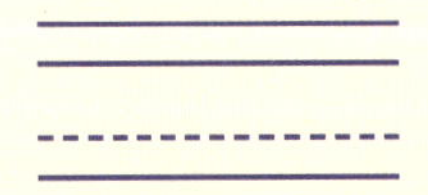

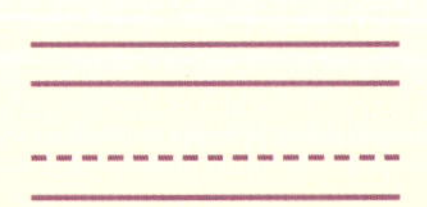

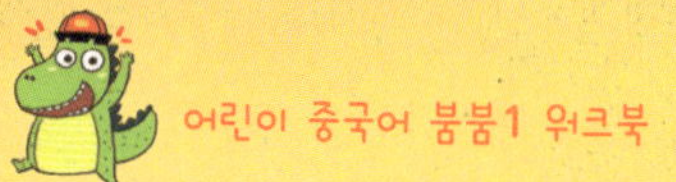

03 국적에 맞게 전통옷 스티커를 붙이고 보기 에서 병음을 찾아 써 보세요.

보기 **Zhōng   Hán**

guórén

guórén

04 다음을 바르게 연결하고 한자 스티커를 붙인 후, 병음을 써 보세요.

| Zhōngguó |
| Rìběn |
| Hánguó |
| Měiguó |

05 자신의 모습을 예쁘게 그리고, 어느 나라 사람인지 중국어로 말해 보세요.

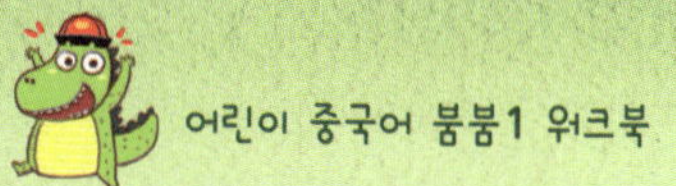

06 병음과 한자를 예쁘게 쓰고 큰 소리로 읽어 보세요

是 shì ~이다	shì

是

韩国人 Hánguórén 한국사람	Hánguórén

韩 国 人

哪国人 nǎ guó rén 어느 나라 사람	nǎ guó rén

哪 国 人

他是谁?

Tā shì shéi? 그는 누구니?

01 녹음을 잘 듣고 알맞은 병음을 찾아 ○표를 해 보세요.

g	gē	gé	gě	gè
k	kē	ké	kě	kè
h	hē	hé	hě	hè

02 녹음을 잘 듣고 그림에 맞는 병음을 찾아 ○표를 한 후, 직접 써 보세요.

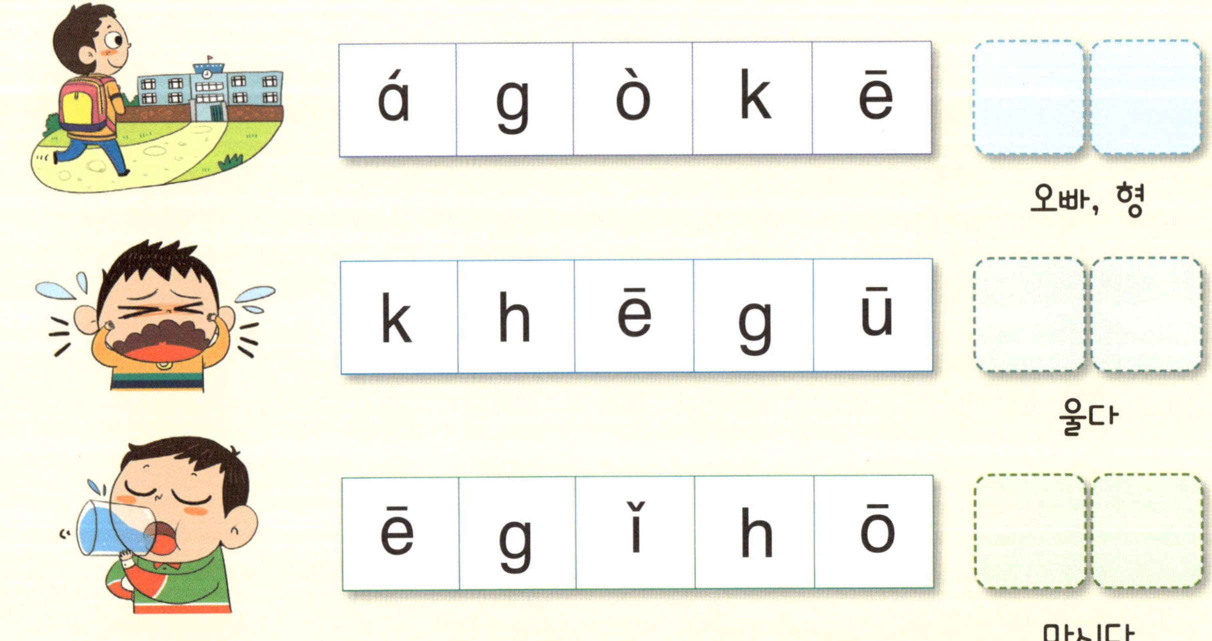

á	g	ò	k	ē

오빠, 형

k	h	ē	g	ū

울다

ē	g	ǐ	h	ō

마시다

03 다음 단어에 해당하는 병음을 그림에서 찾아 써 보세요.

妹妹

弟弟

奶奶

04 다음 그림의 선을 연결한 후, 병음을 써 보세요.

시작

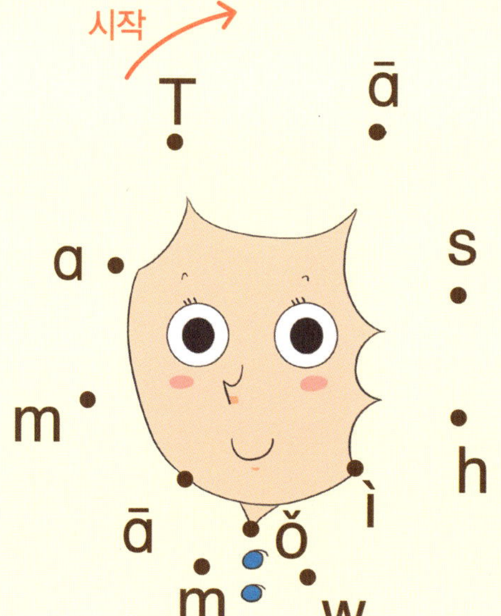

Tā shì wǒ __________.
她是我妈妈。
그녀는 나의 엄마입니다.

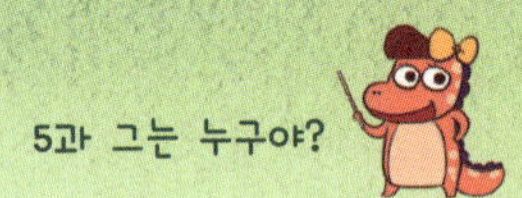

O5 일곱 고개의 설명을 보고 알맞은 병음을 보기 에서 찾아 쓴 후, 그림을 그려 보세요.

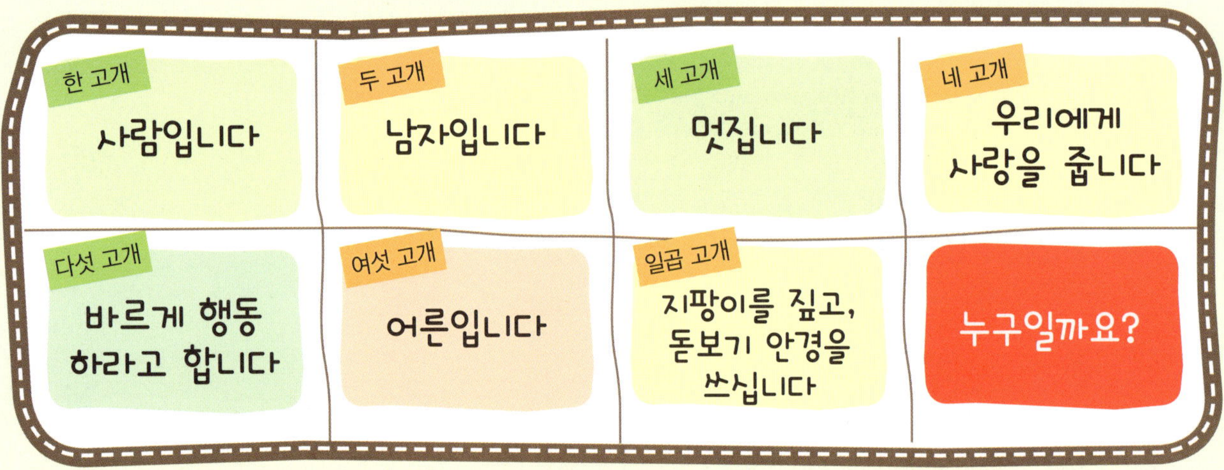

보기 nǎinai gēge yéye bàba

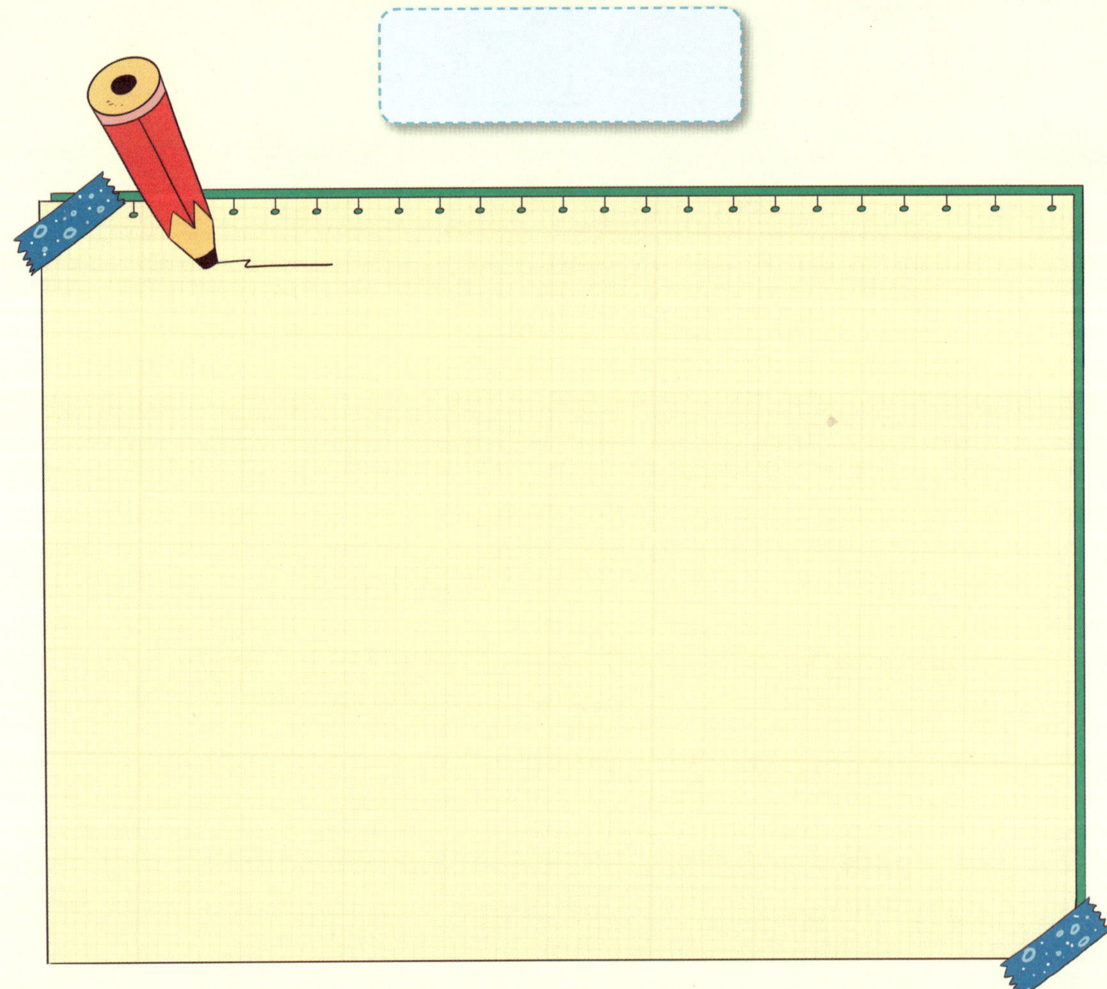

06 병음과 한자를 예쁘게 쓰고 큰 소리로 읽어 보세요.

谁
shéi
누구

shéi

谁

爸爸
bàba
아빠

bàba

爸　爸

妈妈
māma
엄마

māma

妈　妈

你几岁?

Nǐ jǐ suì? 너는 몇 살이니?

01 녹음을 잘 듣고 따라 읽으면서 알맞은 병음을 써 보세요.

	j	q	x
1성	jī		
2성		qí	
3성	jǐ		
4성			xì

02 녹음을 잘 듣고 알맞은 병음에 ○표를 한 후, 직접 써 보세요.

jī jí jǐ jì   qī qí qǐ qì   xī xí xǐ xì

03 다음 그림에 맞는 병음을 찾아 ○표를 해 보세요.

1
qī
qǐ

2
shì
shí

3
jiù
jiǔ

4
liù
liú

04 그림 속에 숨어 있는 한자를 찾아 바르게 써 보세요.

5
wǔ

8
bā

7
qī

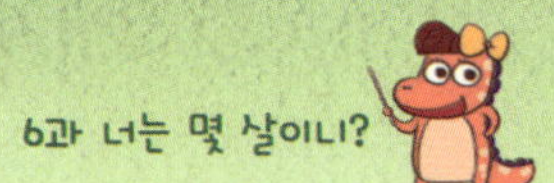

05 다음 그림을 보고 중국어로 나이를 묻고 대답해 보세요.

06 병음과 한자를 예쁘게 쓰고 큰 소리로 읽어 보세요.

几
jǐ
몇, 얼마

jǐ

几

岁
suì
~살, ~세

suì

岁

八
bā
8, 여덟

bā

八

你喜欢什么颜色?  CD-08

Nǐ xǐhuan shénme yánsè? 너는 무슨 색을 좋아하니?

01 녹음을 잘 듣고 알맞은 병음을 찾아 ○표를 해 보세요.

z	zī	zí	zǐ	zì
c	cī	cí	cǐ	cì
s	sī	sí	sǐ	sì

02 녹음을 잘 듣고 그림에 맞는 병음을 찾아 ○표를 한 후, 직접 써 보세요.

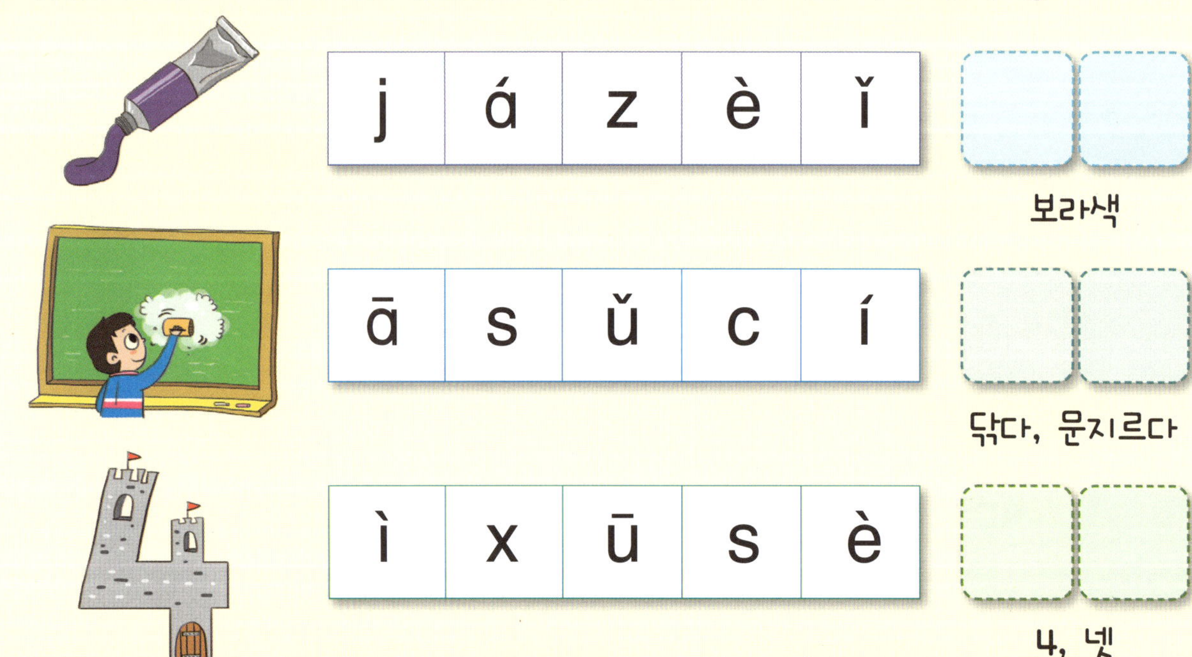

j	á	z	è	ǐ

보라색

ā	s	ǔ	c	í

닦다, 문지르다

ì	x	ū	s	è

4, 넷

03 다음 단어에 해당하는 병음을 올바른 순서대로 쓰고 큰 소리로 읽어 보세요.

1

红色

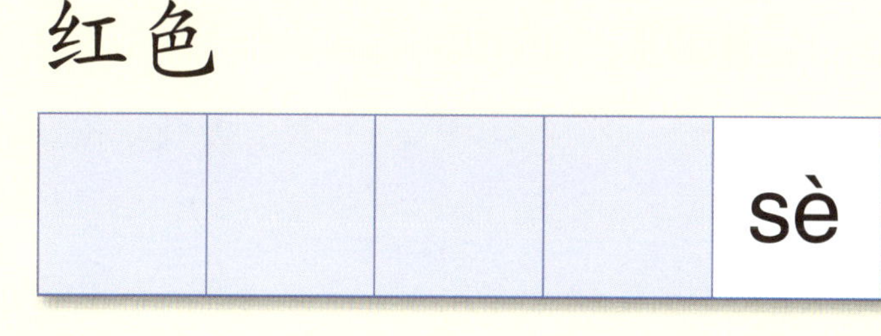

2

蓝色

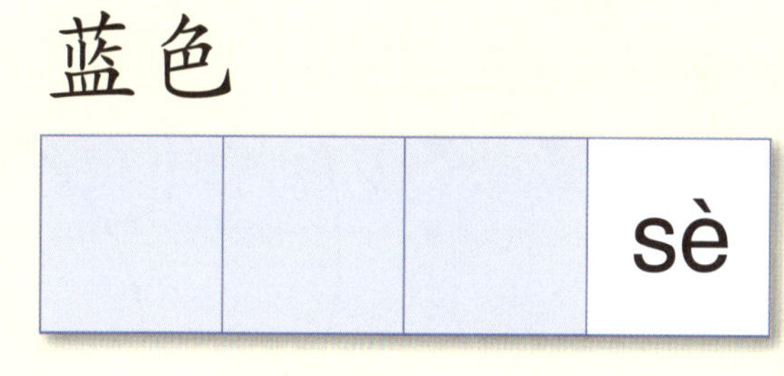

04 다음 단어의 뜻에 알맞은 색깔로 써 보세요.

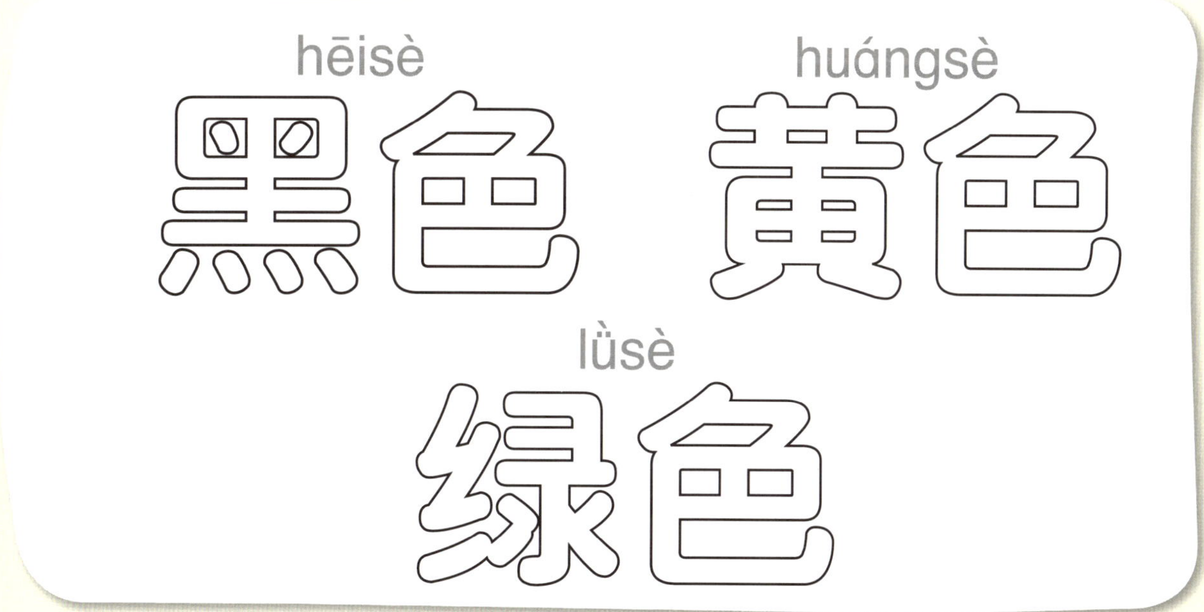

05

보기 에 있는 색으로 달팽이 집을 예쁘게 칠하고, 중국어로 말해 보세요.

보기

hóngsè	huángsè	lánsè	lǜsè	báisè	hēisè
红色	黄色	蓝色	绿色	白色	黑色

06 병음과 한자를 예쁘게 쓰고 큰 소리로 읽어 보세요.

喜欢
xǐhuan
좋아하다

xǐhuan

红色
hóngsè
빨간색

hóngsè

白色
báisè
흰색

báisè

这是熊猫

Zhè shì xióngmāo 이것은 판다야

01 녹음을 잘 듣고 들리는 병음을 모두 찾아 색칠해 보세요.

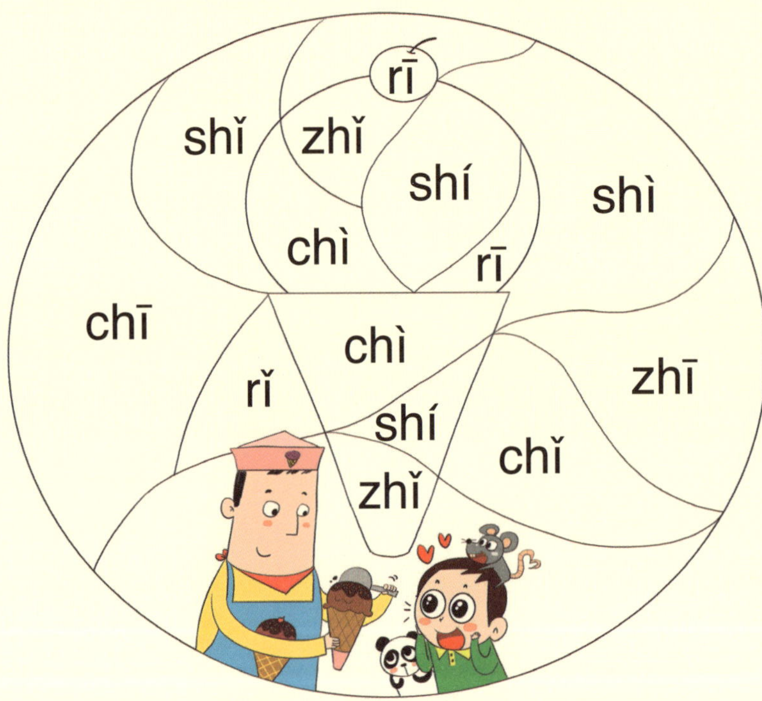

02 녹음을 잘 듣고 알맞은 병음을 퍼즐에서 찾아 ○표를 한 후, 직접 써 보세요.

ch	ē	zh	r
ú	ch	ī	ū
r	ó	zh	sh
è	sh	ū	ī

거미

덥다

먹다

책

03 길을 따라 가면서 단어에 알맞은 병음을 써 보세요.

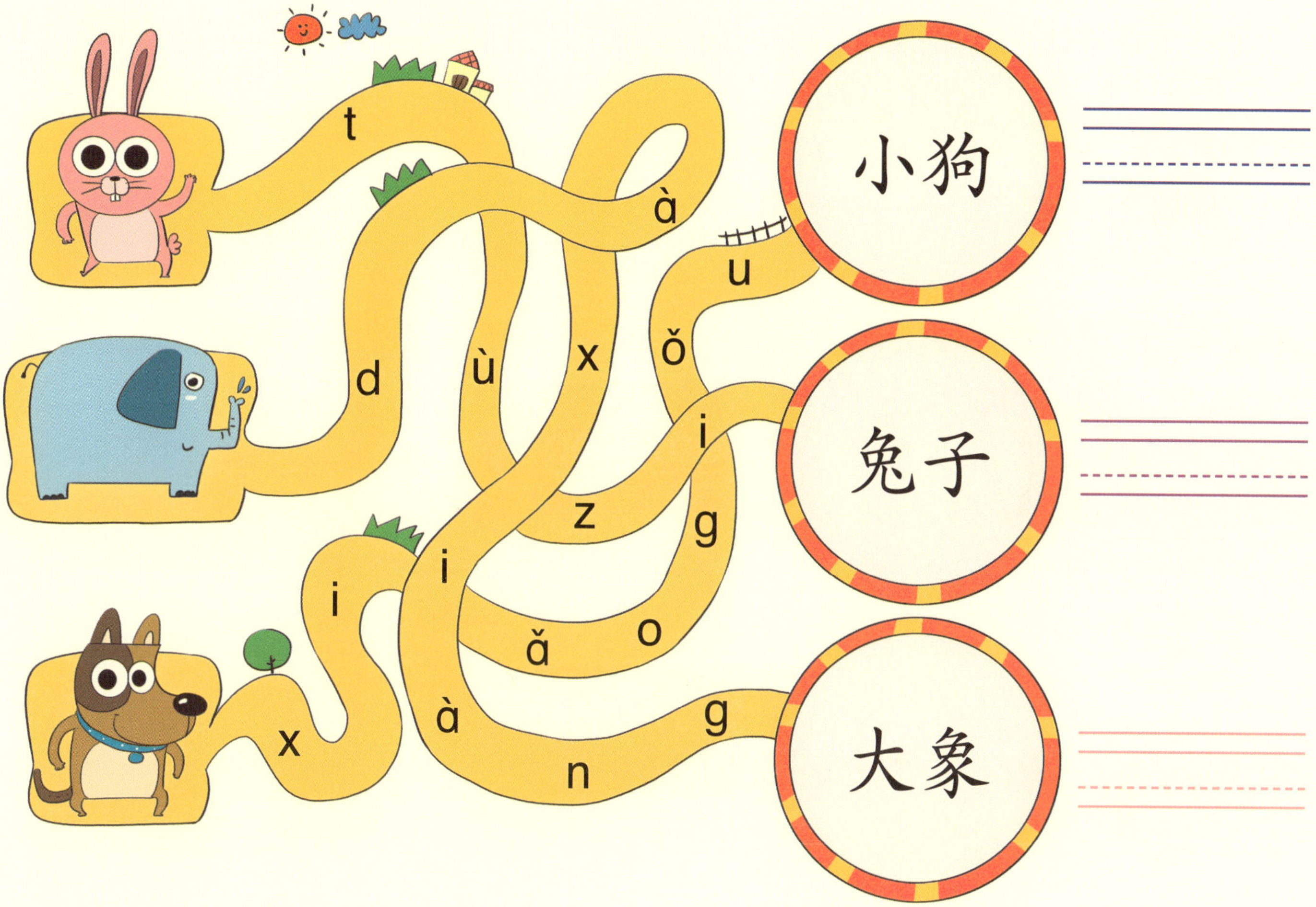

小狗

兔子

大象

04 다음을 보고 문장의 순서에 맞게 스티커를 찾아 붙여 보세요.

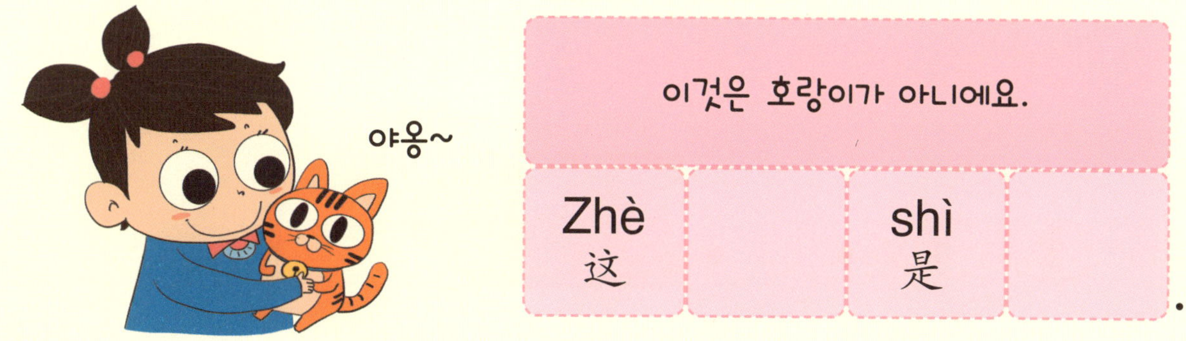

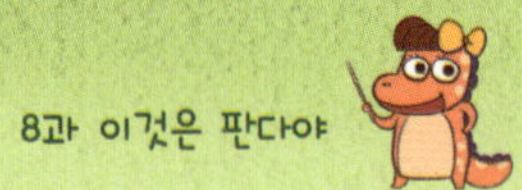

05 다음의 단어와 병음을 바르게 연결한 후, 해당 동물을 예쁘게 그려 보세요.

兔子 ・ ・ dàxiàng =

大象 ・ ・ tùzi =

老虎 ・ ・ lǎohǔ =

小猫 ・ ・ xiǎomāo =

06 병음과 한자를 예쁘게 쓰고 큰 소리로 읽어 보세요.

这
zhè
이, 이것

zhè

那
nà
저, 저것

nà

兔子
tùzi
토끼

tùzi

워크북 정답

1과 08p
第一课
老师好！
CD - 02
Lǎoshī hǎo! 선생님 안녕하세요!
01 녹음을 따라 읽으면서 예쁘게 써 보세요.
1성　mā　mā　mā　mā　mā
2성　má　má　má　má　má
3성　mǎ　mǎ　mǎ　mǎ　mǎ
4성　mà　mà　mà　mà　mà
02 녹음을 듣고 큰 소리로 따라 읽은 후, 병음을 써 보세요.
1　h + ao → hǎo　　hǎo
2　j + ian → jiàn　　jiàn
3　n + i → nǐ　　nǐ
8

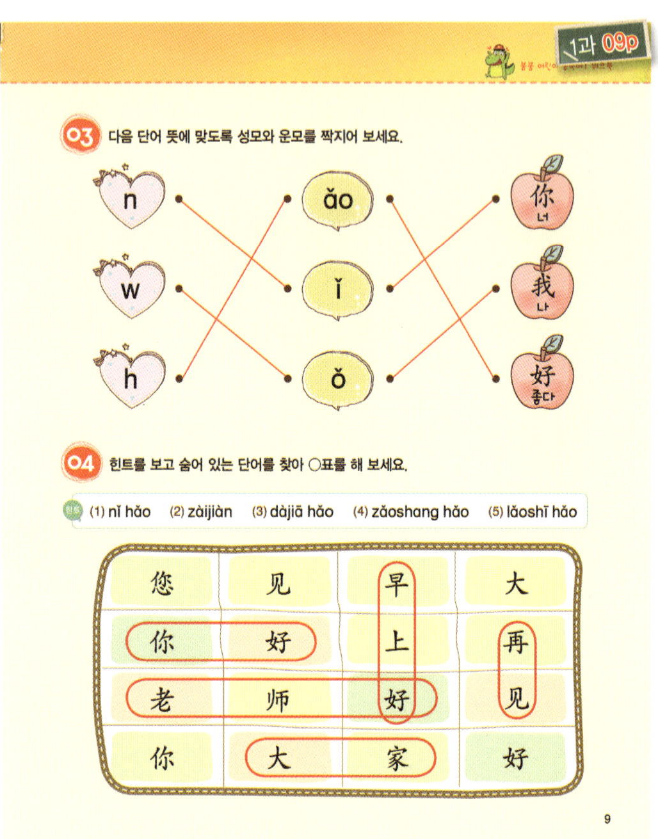

1과 09p
03 다음 단어 뜻에 맞도록 성모와 운모를 짝지어 보세요.
n　　ǎo　　你 너
w　　ǐ　　我 나
h　　ǒ　　好 좋다
04 힌트를 보고 숨어 있는 단어를 찾아 ○표를 해 보세요.
(1) nǐ hǎo　(2) zàijiàn　(3) dàjiā hǎo　(4) zǎoshang hǎo　(5) lǎoshī hǎo
您　见　早　大
你　好　上　再
老　师　好　见
你　大　家　好
9

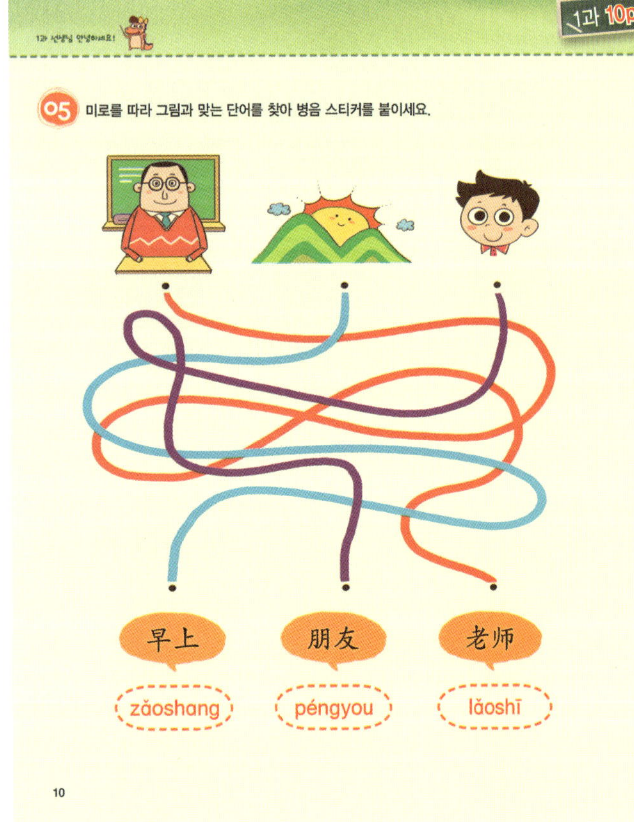

1과 10p
1과 선생님 안녕하세요!
05 미로를 따라 그림과 맞는 단어를 찾아 병음 스티커를 붙이세요.
早上　朋友　老师
zǎoshang　péngyou　lǎoshī
10

1과 11p
06 병음과 한자를 예쁘게 쓰고 큰 소리로 읽어 보세요.
你好　nǐ hǎo
nǐhǎo 안녕하세요
你 好
大家　dàjiā
dàjiā 여러분, 모두
大 家
老师　lǎoshī
lǎoshī 선생님
老 师
11

对不起！

Duìbuqǐ! 미안해!

01 녹음을 잘 듣고 빈칸에 알맞은 병음을 쓴 후, 읽어 보세요.

a	à	á	ǎ	ā	o	ō	ò	ó	ǒ
e	ē	ě	é	è	i	ī	ǐ	í	ì
u	ū	ú	ǔ	ù	ü	ǖ	ǘ	ǚ	ǜ

02 녹음을 듣고 그림에 알맞은 병음을 연결한 후, 직접 써 보세요.

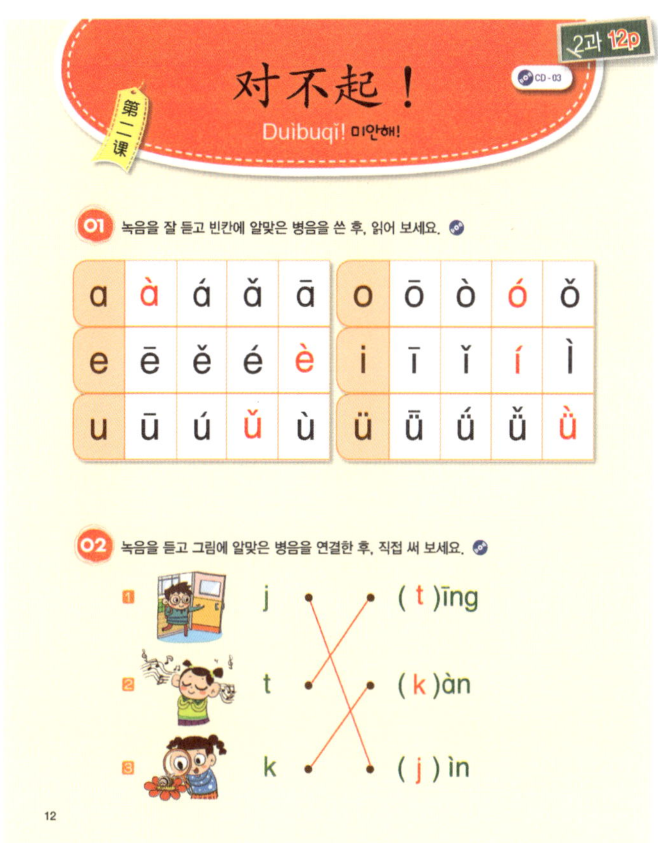

12

03 다음 한자와 알맞은 성조에 ○표를 하고, 큰 소리로 읽어 보세요.

进	jīn	jín	jǐn	(jìn)
谢	xiē	xié	xiě	(xiè)
说	(shuō)	shuó	shuǒ	shuò
坐	zuō	zuó	zuǒ	(zuò)

04 의미가 통하는 것끼리 연결한 후, 색칠해 보세요.

13

05 다음 그림과 한자에 알맞은 병음 스티커를 붙여 보세요.

○ 다음 한자의 병음을 써 보세요.

进	听	坐	说	看
jìn	tīng	zuò	shuō	kàn

14

06 병음과 한자를 예쁘게 쓰고 큰 소리로 읽어 보세요.

谢谢	xièxie
xièxie 고맙습니다	谢

对不起	duìbuqǐ
duìbuqǐ 미안합니다	对 不 起

请	qǐng
qǐng ~해주세요	请

15

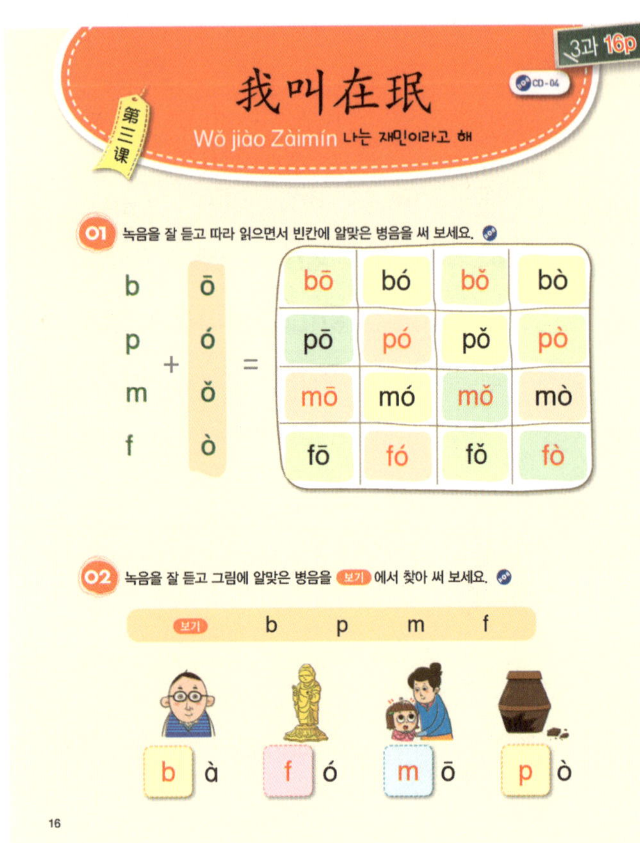

3과 16p
CD - 04
第三课
我叫在珉
Wǒ jiào Zàimín 나는 재민이라고 해

01 녹음을 잘 듣고 따라 읽으면서 빈칸에 알맞은 병음을 써 보세요.

b
p
m
f
+
ō
ó
ǒ
ò
=

bō bó bǒ bò
pō pó pǒ pò
mō mó mǒ mò
fō fó fǒ fò

02 녹음을 잘 듣고 그림에 알맞은 병음을 보기 에서 찾아 써 보세요.

보기 b p m f

b à
f ó
m ō
p ò

16

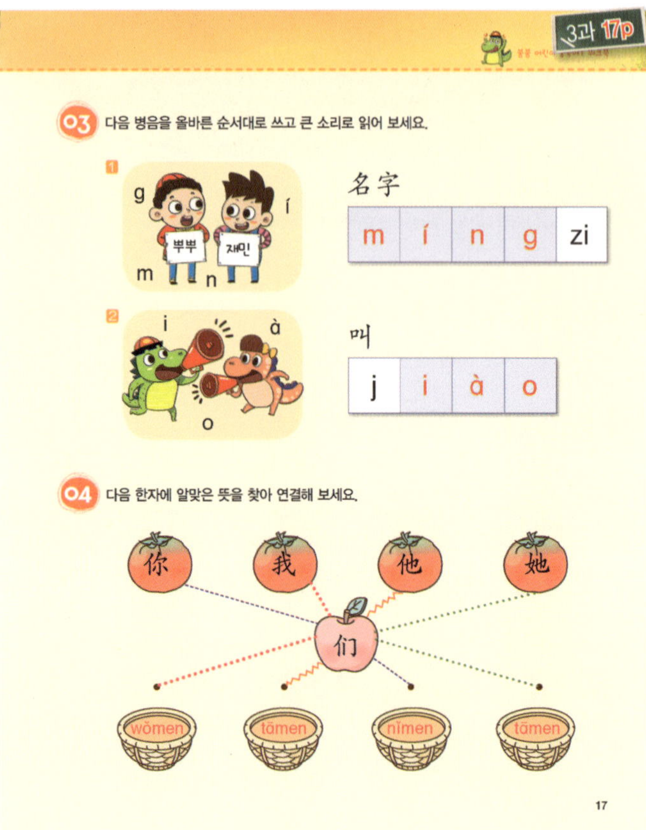

3과 17p

03 다음 병음을 올바른 순서대로 쓰고 큰 소리로 읽어 보세요.

g
í
m
n
뿌뿌 재민

名字
m í n g zi

i
à
o

叫
j i à o

04 다음 한자에 알맞은 뜻을 찾아 연결해 보세요.

你 我 他 她

们

wǒmen tāmen nǐmen tāmen

17

3과 18p
3과 나는 재민이라고 해

05 미로를 따라가 보면서 아래 문장에 알맞은 병음을 찾아 써 보세요.

너 불리니 무슨 이름
你 叫 什么 名字 ?

출발

ǐ
N
e
sh m m zh N
ó í
ū n ē è
ng z
ě j d
p ā
sh ǎ
ó f
õ

Honey

너는 이름이 뭐니?
Nǐ jiào shénme míngzi ?

18

3과 19p
어린이 중국어 개정판 워크북

06 병음과 한자를 예쁘게 쓰고 큰 소리로 읽어 보세요.

叫 jiào
jiào
~라고 불리다
叫

什么 shénme
shénme
무엇
什 么

名字 míngzi
míngzi
이름
名 字

19

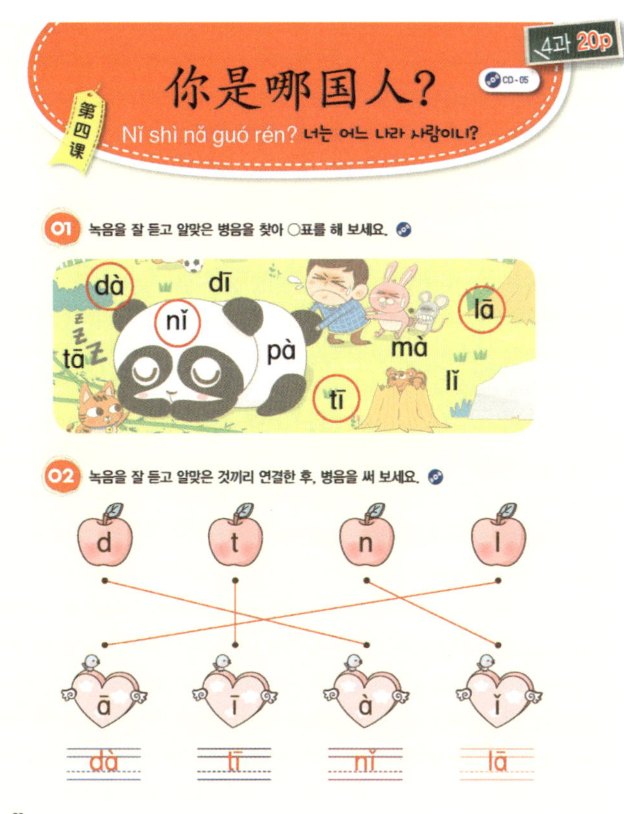
4과 20p
CD-05
第四課
你是哪国人?
Nǐ shì nǎ guó rén? 너는 어느 나라 사람이니?
01 녹음을 잘 듣고 알맞은 병음을 찾아 ○표를 해 보세요.
dà　dī
nǐ　pà　mà　lā
tā
tī　lǐ
02 녹음을 잘 듣고 알맞은 것끼리 연결한 후, 병음을 써 보세요.
d　t　n　l
ā　ī　à　ǐ
dà　tī　nǐ　lā
20

4과 21p
03 국적에 맞게 전통옷 스티커를 붙이고 보기 에서 병음을 찾아 써 보세요.
보기　Zhōng　Hán
한국인
중국인
Hán guórén
Zhōng guórén
21

4과 22p
04 다음을 바르게 연결하고 한자 스티커를 붙인 후, 병음을 써 보세요.
Zhōngguó　Zhōngguó
中国
Rìběn　Rìběn
日本
Hánguó　Hánguó
韩国
Měiguó　Měiguó
美国
05 자신의 모습을 예쁘게 그리고, 어느 나라 사람인지 중국어로 말해 보세요.
자기얼굴 그리기
Nǐ shì nǎ guó rén?
你是哪国人?
Wǒ shì Hánguó rén.
我是　韩国　人。
22

4과 23p
06 병음과 한자를 예쁘게 쓰고 큰 소리로 읽어 보세요
是
shì
~이다
韩国人
Hánguórén
한국사람
哪国人
nǎ guó rén
어느 나라 사람
Hánguórén
nǎ guó rén
23

第五课
他是谁?
Tā shì shéi? 그는 누구니?
CD-06
5과 24p

01 녹음을 잘 듣고 알맞은 병음을 찾아 ○표를 해 보세요.

g　gē　gé　gě　gè
k　kē　ké　kě　kè
h　hē　hé　hě　hè

02 녹음을 잘 듣고 그림에 맞는 병음을 찾아 ○표를 한 후, 직접 써 보세요.

á g ò k ē　g ē
오빠, 형

k h ē g ū　k ū
울다

ē g ǐ h ō　h ē
마시다

24

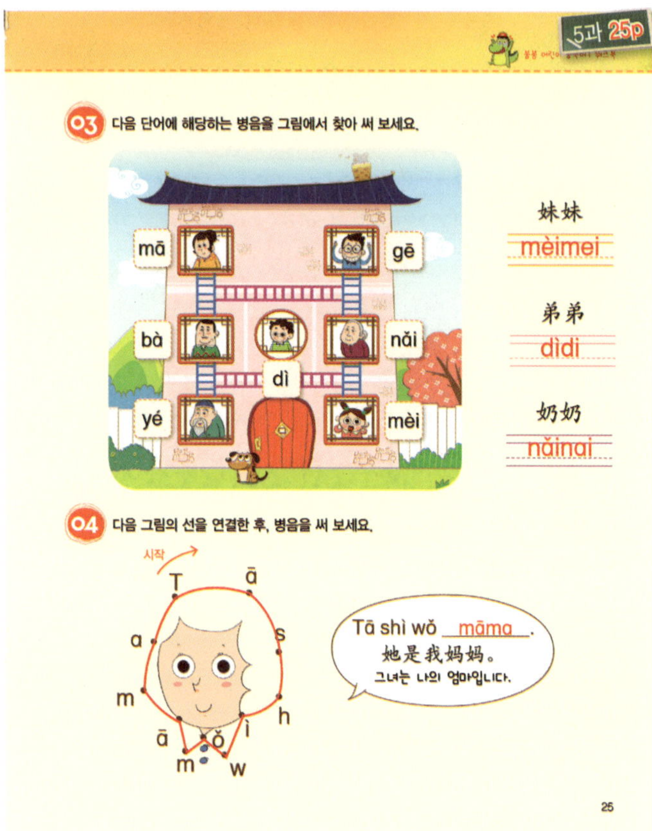
5과 25p

03 다음 단어에 해당하는 병음을 그림에서 찾아 써 보세요.

mā　gē
bà　nǎi
dì
yé　mèi

妹妹
mèimei

弟弟
dìdi

奶奶
nǎinai

04 다음 그림의 선을 연결한 후, 병음을 써 보세요.

시작
T　ā
a　s
m　ì h
ā ǒ
m　w

Tā shì wǒ ___māma___.
她是我妈妈。
그녀는 나의 엄마입니다.

25

5과 그는 누구야?
5과 26p

05 일곱 고개의 설명을 보고 알맞은 병음을 보기 에서 찾아 쓴 후, 그림을 그려 보세요.

한 고개
사람입니다

두 고개
남자입니다

세 고개
멋집니다

네 고개
우리에게
사랑을 줍니다

다섯 고개
바르게 행동
하라고 합니다

여섯 고개
어른입니다

일곱 고개
지팡이를 짚고,
돋보기 안경을
쓰십니다

누구일까요?

보기　nǎinai　gēge　yéye　bàba

yéye

06

26

어린이 중국어 ... 따라쓰기
5과 27p

06 병음과 한자를 예쁘게 쓰고 큰 소리로 읽어 보세요.

谁　shéi
shéi
누구

谁

爸爸　bàba
bàba
아빠

爸　爸

妈妈　māma
māma
엄마

妈　妈

27

	j	q	x
1성	jī	qī	xī
2성	jí	qí	xí
3성	jǐ	qǐ	xǐ
4성	jì	qì	xì

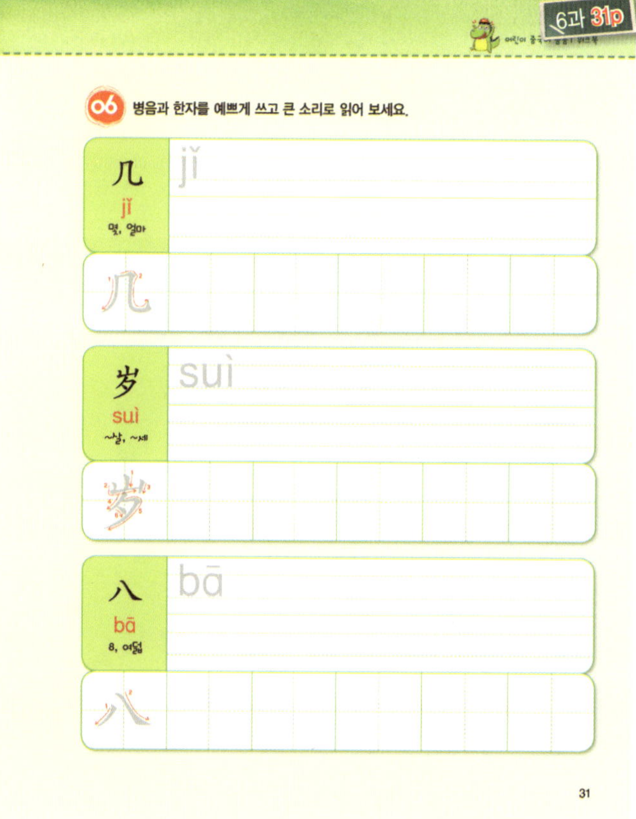

第七课 你喜欢什么颜色? 🎵 CD-08
Nǐ xǐhuan shénme yánsè? 너는 무슨 색을 좋아하니?

01 녹음을 잘 듣고 알맞은 병음을 찾아 ○표를 해 보세요.

z	zī	zí	zǐ	(zì)
c	cī	(cí)	cǐ	cì
s	(sī)	sí	sǐ	sì

02 녹음을 잘 듣고 그림에 맞는 병음을 찾아 ○표를 한 후, 직접 써 보세요.

| j | (á) | z | (è) | (ǐ) | z | ǐ |

보라색

| (ā) | s | (ǔ) | (c) | í | c | ā |

문지르다

| ì | x | (ū) | s | (è) | s | (ì) |

4, 넷

03 다음 단어에 해당하는 병음을 올바른 순서대로 쓰고 큰 소리로 읽어 보세요.

红色
| h | ó | n | g | sè |

蓝色
| l | á | n | sè |

04 다음 단어의 뜻에 알맞은 색깔로 써 보세요.

hēisè　黑色　　huángsè　黄色
lùsè　绿色

05 보기 에 있는 색으로 달팽이 집을 예쁘게 칠하고, 중국어로 말해 보세요.

보기
| hóngsè | huángsè | lánsè | lùsè | báisè | hēisè |
| 红色 | 黄色 | 蓝色 | 绿色 | 白色 | 黑色 |

06 병음과 한자를 예쁘게 쓰고 큰 소리로 읽어 보세요.

喜欢 / xǐhuan
xǐhuan 좋아하다
喜 欢

红色 / hóngsè
hóngsè 빨간색
红 色

白色 / báisè
báisè 흰색
白 色

8과 36p
CD - 09
第八课
这是熊猫
Zhè shì xióngmāo 이것은 판다야
01 녹음을 잘 듣고 들리는 병음을 모두 찾아 색칠해 보세요.
rǐ
shǐ zhǐ
shí
chì
rī
shì
chī
chì
rǐ chì zhī
shí
rǐ shí
zhǐ chǐ
02 녹음을 잘 듣고 알맞은 병음을 퍼즐에서 찾아 ○표를 한 후, 직접 써 보세요.
ch ē zh r
ú ch ī ū
r ó zh sh
è sh ū ī
거미 zh ī zh ū
덥다 r è
먹다 ch ī
책 sh ū
36

8과 37p
03 길을 따라 가면서 단어에 알맞은 병음을 써 보세요.
t
à
u
d ù x ǒ
i
z g
o
x à g
i ì
à n
小狗 xiǎogǒu
兔子 tùzi
大象 dàxiàng
04 다음을 보고 문장의 순서에 맞게 스티커를 찾아 붙여 보세요.
야옹~
이것은 호랑이가 아니에요.
Zhè bú shì lǎohǔ
这 不 是 老虎
37

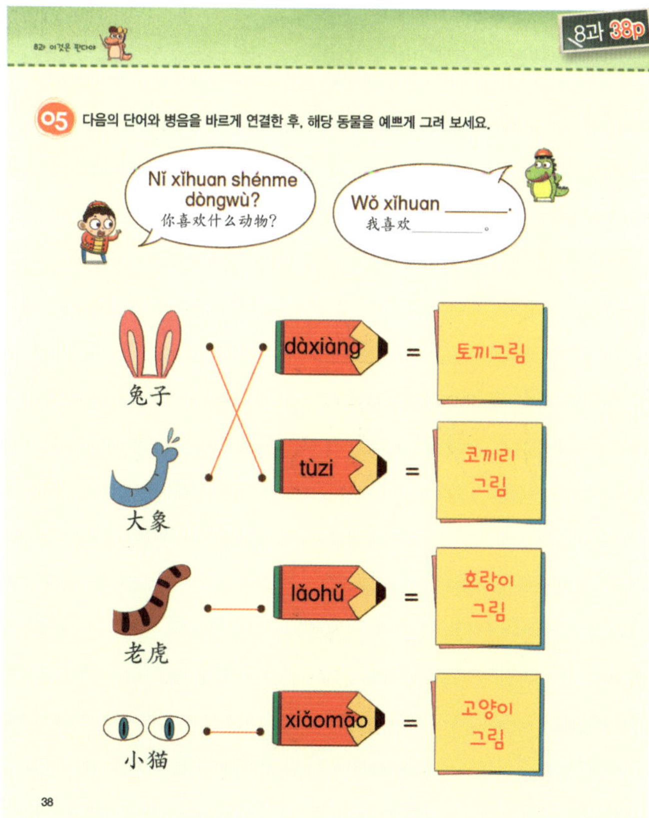
8과 38p
8과 이것은 판다야
05 다음의 단어와 병음을 바르게 연결한 후, 해당 동물을 예쁘게 그려 보세요.
Nǐ xǐhuan shénme dòngwù?
你喜欢什么动物?
Wǒ xǐhuan ______.
我喜欢 ______。
兔子
大象
老虎
小猫
dàxiàng = 토끼그림
tùzi = 코끼리 그림
lǎohǔ = 호랑이 그림
xiǎomāo = 고양이 그림
38

8과 39p
동물 어린이
06 병음과 한자를 예쁘게 쓰고 큰 소리로 읽어 보세요.
这 zhè
zhè
이, 이것
那 nà
nà
저, 저것
兔子 tùzi
tùzi
토끼
39

memo

memo

2권에서
만나요!!
ㄹㄹ

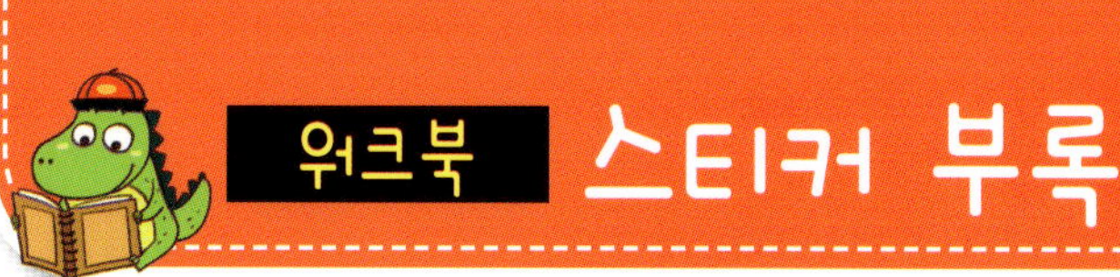

1과 10p

zǎoshang   lǎoshī   péngyou

2과 14p

kàn   zuò   shuō   jìn   tīng

8과 37p

lǎohǔ
老虎

bú
不

4과 21p

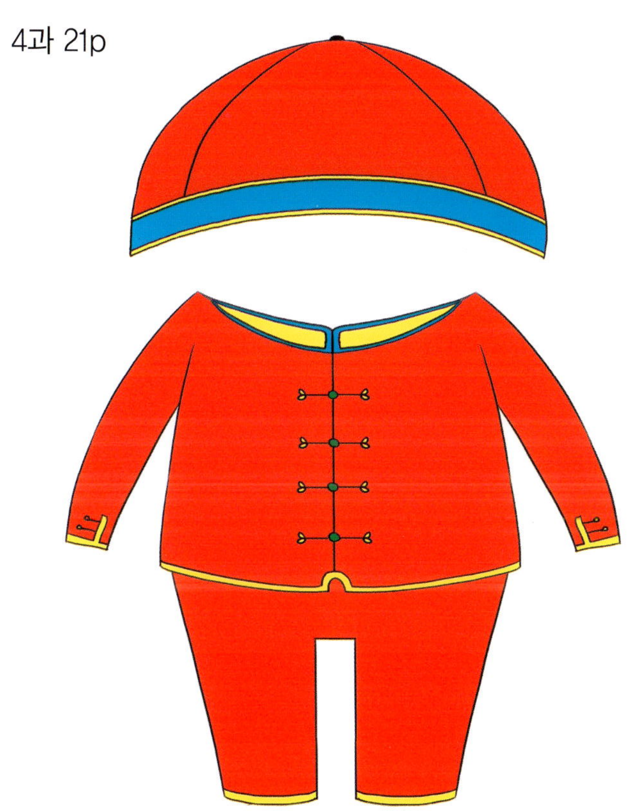

4과 22p

中国   美国   韩国   日本